Análisis de estados financieros

Ejercicios y test

Ángel Muñoz Merchante
Catedrático de Economía Financiera y Contabilidad de la UNED

Análisis de estados financieros

Ejercicios y test

EDICIONES ACADÉMICAS

Bascuñuelos, 13 - P - 28021 Madrid

I.S.B.N.: 978-84-92477-15-9
Depósito legal: M-876-2009

Primera edición: enero de 2009

Cubierta y diseño de interiores: José Delicado
Corrección y maquetación: Consuelo Delgado

Impreso en Campillo Nevado, S. A.
Antonio González Porras, 35-37 - 28019 MADRID

Impreso en España - *Printed in Spain*

Índice

Presentación

Este libro es una recopilación, revisada y actualizada, de un buen número de pruebas personales y exámenes finales planteados en la Universidad Nacional de Educación a Distancia (UNED) para evaluar la asignatura *Análisis de Estados Financieros*. Constituye, por tanto, un material didáctico complementario al texto del mismo autor (***Análisis de estados financieros. Teoría y práctica,*** 2.ª edición. Ediciones Académicas, Madrid, 2009), en el que se desarrolla el programa de la mencionada asignatura.

De las 19 pruebas seleccionadas, dieciséis son cuestionarios tipo test, que incluyen tanto preguntas teóricas como ejercicios prácticos, con cuatro alternativas en cada una de ellas de las cuales sólo una es correcta. Las tres pruebas restantes (n.os 11, 14 y 17) son exámenes de desarrollo, con el formato tradicional, formados por preguntas teóricas, ejercicios teórico-prácticos y supuestos.

Dada la finalidad para la que estas pruebas fueron elaboradas originariamente, cada una de ellas recoge preguntas referidas a la mayor parte de los temas que conforman el programa de la asignatura, por lo que constituyen un material idóneo para ser utilizado como herramienta de autoevaluación, antes de enfrentarse a los exámenes. Asimismo, la tabla de equivalencias que se inserta al principio del libro facilitará su uso para repasar, cuando se desee, el contenido de los diferentes capítulos por separado.

El lector que utilice estos cuestionarios como herramienta de autoevaluación, para contrastar su nivel de conocimientos o por la razón que fuere, ha de tener presente que en las pruebas tipo test las contestaciones erróneas suelen puntuar negativamente. En consecuencia, y a título meramente orientativo, pueden considerarse las siguientes pautas:

1. Tiempo disponible para realizar cada prueba: 110 minutos.
2. Material auxiliar permitido: sólo máquina calculadora de bolsillo no programable que puede incorporar funciones financieras.
3. El criterio de puntuación aplicable, para un cuestionario de 25 preguntas, podría ser: Aciertos, +0,40 puntos; Errores, −0,15 puntos. Las preguntas no contestadas ni suman ni restan puntos.
4. En los casos prácticos se prescindirá de las consecuencias fiscales de las operaciones, salvo indicación expresa en sentido contrario.

Deseo concluir esta presentación dejando constancia de mi agradecimiento a los numerosos estudiantes que han cursado esta asignatura en los últimos años, cuyas opiniones y comentarios me han permitido depurar estos materiales; a los Profesores Tutores de los Centros Asociados de la UNED, por sus sugerencias y apoyo; y, muy especialmente, a las profesoras *Eva M.ª Ibáñez Jiménez* y *Laura Parte Esteban,* con quienes comparto la docencia de esta asignatura en la sede central de la citada Universidad, por su permanente colaboración en las tareas de revisión y mejora de muchos de los enunciados y soluciones que se recogen en este volumen.

Aprovecho también estas líneas para agradecer su confianza a los nuevos lectores de este libro y para solicitar sus comentarios, que pueden enviar a la siguiente dirección electrónica: anmumer@cee.uned.es

ÁNGEL MUÑOZ MERCHANTE

Madrid, enero de 2009

Tabla de equivalencias por Capítulos

Capítulo 1. *Información financiera y análisis de estados financieros*	1.1, 8.1, 8.2, 9.1, 10.1, 11.1 (Pregunta abierta), 12.1, 13.1, 16.1, 19.1, 19.3
Capítulo 2. *Principios contables y criterios de valoración*	1.3, 2.14, 2.17, 3.2, 3.4, 4.1, 5.3, 5.5, 6.1 a 6.4, 7.12, 8.3, 8.4, 9.2, 10.5, 11.2 (Pregunta de desarrollo), 12.2, 12.3, 13.2, 14.1 (Pregunta de desarrollo), 15.1, 16.5, 16.9, 19.2, 19.4, 19.5
Capítulo 3. *Balance de situación*	2.3, 3.3, 3.5, 4.6, 5.2, 5.6 a 5.10 (Ejercicio tipo test), 6.10, 7.3, 8.5, 8.6 a 8.11 (Ejercicio tipo test), 9.3, 9.4, 10.4, 10.6, 15.2, 15.4, 15.6, 15.9, 15.10, 15.11, 16.2, 16.3, 16.6, 16.10, 16.11, 17.1 (Pregunta de desarrollo), 18.1, 19.6, 19.7, 19.8
Capítulo 4. *Estados de resultados*	1.4, 1.5 a 1.8 (Ejercicio tipo test), 2.4, 2.12, 2.13, 2.15, 4.2, 4.3, 4.4, 5.4, 5.16, 7.1, 7.2, 8.12, 8.13, 9.5, 9.6, 9.7, 10.2, 10.3, 10.7 a 10.10 (Ejercicio tipo test), 10.11, 12.4 a 12.10, 13.3 a 13.6, 15.3, 15.7, 15.8, 16.4, 16.7, 16.8, 16.12, 18.2, 18.4 a 18.7 (Ejercicio tipo test).
Capítulos 5 y 6. *Estado de flujos de efectivo (I y II)*	1.9 a 1.13, 2.1, 3.6 a 3.10, 4.5, 5.11 a 5.15, 6.12, 8.14 a 8.18, 9.8 a 9.13 (Ejercicio tipo test), 9.14, 10.12 a 10.14, 11.4 (Ejercicio práctico), 12.11 a 12.14, 13.7 a 13.10, 14.4 (Ejercicio práctico), 15.12 a 15.16, 16.14 a 16.20 (Ejercicio tipo test), 17.4 (Ejercicio práctico), 18.8 a 18.10, 19.9 a 19.12
Capítulo 7. *Memoria, Informe de gestión e Informe de auditoría*	1.2, 1.3, 5.1, 12.15, 13.11, 13.12, 16.13, 18.11

Capítulo 8. *Introducción al análisis de estados financieros*	6.13, 7.8 a 7.11 (Ejercicio tipo test), 8.19, 8.20, 10.19, 10.20, 12.16, 13.13, 13.15, 13.16, 15.5, 17.2 (Pregunta de desarrollo), 18.3, 18.12, 18.13
Capítulo 9. *Análisis de la situación financiera a corto plazo (I)*	1.14, 2.18, 2.20, 6.11, 7.4, 7.5, 8.21, 9.15, 10.15, 13.14, 13.18, 15.17, 15.19, 18.14
Capítulo 10. *Análisis de la situación financiera a corto plazo (II)*	1.15, 2.5 a 2.10 (Ejercicio tipo test), 2.16, 3.11, 3.12, 4.7, 4.9, 6.5 a 6.9 (Ejercicio tipo test), 6.15, 7.6, 7.13, 9.16, 9.17, 9.19, 10.16, 10.17, 10.18, 12.17, 13.17, 14.5 (Ejercicio práctico), 15.18, 15.20, 15.21, 16.21, 17.3 (Ejercicio práctico), 18.15, 18.16, 19.19
Capítulo 11. *Análisis de la situación financiera a largo plazo*	2.2, 2.11, 3.13, 4.8, 4.10, 4.11, 4.12 a 4.16 (Ejercicio tipo test), 5.17 a 5.20 (Ejercicio tipo test), 7.7, 7.14, 7.17, 8.22, 8.23, 9.20, 9.23, 10.21 a 10.23 (Ejercicio tipo test), 10.24, 11.3 (Ejercicio práctico), 19.20
Capítulo 12. *Análisis de los resultados y de la rentabilidad*	1.16 a 1.20 (Ejercicio tipo test), 2.19, 3.14 a 3.20 (Ejercicio tipo test), 4.17 a 4.20 (Ejercicio tipo test), 6.14, 6.16, 6.17 a 6.20 (Ejercicio tipo test), 7.15, 7.16, 7.18 a 7.20 (Ejercicio tipo test), 8.24, 8.25, 9.18, 9.21, 9.22, 9.24, 9.25, 10.25, 11.5 (Ejercicio práctico), 12.18 a 12.25, 13.19 a 13.25, 14.2 (Pregunta de desarrollo), 15.22 a 15.25, 16.22 a 16.24, 18.17 a 18.20, 19.13 a 19.18 (Ejercicio tipo test).

Prueba de evaluación n.º 1*

Elija la mejor respuesta:

1.1. *La objetividad de la información contable es un requisito necesario para conseguir que dicha información sea:*

- ☐ A. Relevante y oportuna.
- ☐ B. Clara y comprensible.
- ☐ C. Completa y adecuada.
- ☐ D. Neutral y verificable.

1.2. *En el párrafo de alcance del Informe de auditoría de cuentas ha de indicarse, entre otros extremos:*

- ☐ A. La razón social de la entidad auditada.
- ☐ B. Los estados financieros auditados.
- ☐ C. El tipo de opinión emitida por el auditor.
- ☐ D. Todo lo señalado en los apartados anteriores.

1.3. *Usted sabe que en la fecha de cierre de cada ejercicio el inventario de mercaderías ha de valorarse por su precio de adquisición o valor de mercado, el menor. Pero, ¿qué se entiende por valor de mercado?*

- ☐ A. El precio de reposición.
- ☐ B. El valor neto realizable.
- ☐ C. El menor de A y B.
- ☐ D. El mayor de A y B.

1.4. *La diferencia entre el valor de reembolso de un pasivo y el efectivo recibido se imputará a resultados:*

- ☐ A. Linealmente.
- ☐ B. En función de los capitales amortizados.
- ☐ C. De la forma más rápida posible.
- ☐ D. Dentro del período de reembolso de dichos pasivos.

CASO PRÁCTICO DIRSA

Enunciado

DIRSA es una empresa constructora cuyo objeto social es la realización de obras contratadas con organismos públicos. Como la duración de estas obras es por lo general superior a 36 meses, la sociedad aplica para su valoración y, en consecuencia, para el cálculo del resultado el "método del grado de avance" o "método del porcentaje de terminación". Al 31-12-20X1 tiene tres obras en curso cuyos datos, en unidades monetarias, son:

* Examen propuesto en la UNED. Convocatoria: Junio de 2002.

Obra	Costes incurridos hasta el 31-12-20X1	Presupuesto de costes pendientes hasta su terminación	Precio de venta estipulado	Beneficio a cuenta contabilizado en años anteriores
Obra 1	4.000	8.000	15.000	750
Obra 2	8.000	12.000	18.000	500
Obra 3	5.000	5.000	12.000	—

Asimismo esta sociedad, utilizando sus propios medios productivos, ha levantado una nueva planta en el edificio donde se encuentra su sede social computando como coste de la misma los siguientes conceptos e importes: Materiales, 15.000 u.m.; Coste de personal de producción, 10.000 u.m.; Costes indirectos de producción, 15.000 u.m.; Gastos generales de administración, 2.000 u.m., y Gastos financieros, 1.260 u.m. Los trabajos se iniciaron el 1 de marzo de 20X1 y fueron financiados por la empresa suministradora de los materiales en 12.000 u.m., cargando el 1,5% de interés simple mensual, en concepto de intereses. La construcción de la nueva planta concluyó el 1 de julio si bien no se ocupó hasta el 1 de octubre.

❍ SE PIDE:

Conteste las cuatro preguntas que se plantean a continuación.

1.5. ***[DIRSA] Asiento para reconocer el resultado de la Obra 1 correspondiente al año 20X1:***

☐ A.	250	Obras en curso	a	Resultado del ejercicio	250
☐ B.	750	Obras en curso	a	Resultado del ejercicio	750
☐ C.	1.000	Obras en curso	a	Resultado del ejercicio	1.000
☐ D.	2.000	Obras en curso	a	Resultado del ejercicio	2.000

1.6. ***[DIRSA] Asiento para reconocer el resultado de la Obra 2 correspondiente al año 20X1:***

☐ A.	500	Obras en curso	a	Resultado del ejercicio	500
☐ B.	2.000	Resultado del ejercicio	a	Provisión por contratos onerosos	2.000
☐ C.	2.500	Resultado del ejercicio	a	Provisión por contratos onerosos	2.000
			a	Obras en curso	500

☐ D. No procede reconocer ningún resultado por esta obra.

1.7. ***[DIRSA] Asiento para reconocer el resultado de la Obra 3 correspondiente al año 20X1:***

☐ A.	2.000	Obras en curso	a	Resultado del ejercicio	2.000
☐ B.	1.000	Obras en curso	a	Resultado del ejercicio	1.000
☐ C.	500	Obras en curso	a	Resultado del ejercicio	500

☐ D. No procede reconocer ningún resultado por esta obra.

1.8. ***[DIRSA] ¿Cuál es la valoración correcta de la obra realizada para ampliar la sede social en el balance referido al 31-12-20X1, prescindiendo de la amortización que pudiese corresponder a dicho ejercicio?***

☐ A. 43.260 u.m. ☐ B. 42.000 u.m. ☐ C. 40.720 u.m. ☐ D. 41.440 u.m.

[Fin del CASO PRÁCTICO]

1.9. *«Al no afectar al efectivo, en el Estado de flujos de efectivo no se consignan las adquisiciones de activos fijos financiadas con crédito a largo plazo». Esta proposición es:*

☐ A. Verdadera. ☐ B. Falsa.

1.10. *«En el Estado de flujos de efectivo, el pago de dividendos a los accionistas se considera como un pago derivado de las actividades de financiación». Esta proposición es:*

☐ A. Verdadera. ☐ B. Falsa.

CASO PRÁCTICO MIRSA

Enunciado

Información obtenida de las cuentas anuales de la sociedad MIRSA correspondientes al año 20X1 (cifras en unidades monetarias):

Aumento de las cuentas por cobrar de clientes	1.865
Aumento de las existencias de mercaderías	300
Aumento de la deuda con los proveedores de mercaderías	1.200
Dotación del ejercicio para amortización	550
Ventas netas de mercaderías	26.865
Compras netas de mercaderías	18.800
Disminución del efectivo y otros activos líquidos equivalentes	750
Resultado del ejercicio	2.450

❍ SE PIDE:

Conteste las dos preguntas que se plantean a continuación.

1.11. *[MIRSA] La magnitud "Recursos procedentes de la explotación" o "Recursos generados por las operaciones" asciende a:*

☐ A. 1.900 u.m. ☐ B. 3.000 u.m. ☐ C. 3.750 u.m. ☐ D. Otra cifra.

1.12. *[MIRSA] Los importes cobrados a clientes y pagados a proveedores en el año 20X1 ascendieron a:*

	Cobrado de los clientes	Pagado a los proveedores
☐ A.	26.865 u.m.	18.800 u.m.
☐ B.	28.730 u.m.	20.000 u.m.
☐ C.	25.000 u.m.	17.600 u.m.
☐ D.	25.000 u.m.	17.300 u.m.

[Fin del CASO PRÁCTICO]

1.13. *Los registros contables de cierta sociedad proporcionan la siguiente información referida al ejercicio anual recién concluido (cifras en unidades monetarias):*

Ingresos por ventas	*600.000*
Clientes, saldo deudor al 1 de enero	*80.000*
Clientes, saldo deudor al 31 de diciembre	*75.000*
Saldos de clientes al 1 de enero cancelados durante el ejercicio por considerarse definitivamente incobrables	*10.000*
Pérdidas por deterioro de créditos por operaciones comerciales	*25.000*

Si hasta el ejercicio actual la sociedad se limitaba a cancelar los saldos de dudoso cobro cuando éstos se consideraban definitivamente incobrables, ¿cuál fue el importe cobrado a los clientes durante dicho ejercicio?

☐ A. 570.000 u.m. ☐ B. 595.000 u.m. ☐ C. 620.000 u.m. ☐ D. Otra cifra.

1.14. *Respecto al coeficiente básico de financiación en una empresa industrial puede afirmarse que:*

☐ A. Es el cociente entre los capitales permanentes y el coste de los productos terminados.

☐ B. Es el cociente entre el pasivo circulante y el activo circulante.

☐ C. Es un ratio de rentabilidad.

☐ D. No puede calcularse si se dispone únicamente de la información contable externa.

1.15. *El pago de una deuda a corto plazo de 50.000 u.m., ¿qué efecto produce sobre los tres indicadores señalados, si antes de aquella operación el ratio de circulante (activo circulante / pasivo circulante) era 2 y el ratio de tesorería (tesorería / pasivo circulante) ascendía a 1,2?*

	Capital circulante	Ratio de circulante	Ratio de tesorería
☐ A.	Aumenta	Disminuye	Disminuye
☐ B.	Disminuye	Aumenta	Aumenta
☐ C.	No afecta	Aumenta	Aumenta
☐ D.	No afecta	Disminuye	Disminuye

CASO PRÁCTICO ÓRBIGO

Enunciado

ÓRBIGO, S.A. presenta la siguiente información contable referida a los dos ejercicios consecutivos que se indican:

Balances resumidos	31-12-X5	31-12-X4
Activo total	3.334	2.870
Pasivo exigible remunerable	1.600	1.300
Capital social	1.000	1.000
Reservas	440	290
Resultado del ejercicio	294	280

Cuentas de resultados	Año X5	Año X4
Ventas netas	2.050	2.100
Coste de ventas	−1.250	−1.240
Gastos de venta	−90	−90
Gastos de administración	−140	−130
Ingresos financieros	50	40
Gastos financieros	−200	−280
Resultado antes de impuestos	420	400
Impuesto sobre beneficios	−126	−120
Resultado del ejercicio	294	280

Por la distribución de resultados del año X4, el 1 de enero del año X5 la sociedad pagó un dividendo a los accionistas, destinándose la parte restante a incrementar las reservas.

❍ SE PIDE:

Calcule las magnitudes y ratios que se solicitan seguidamente utilizando, en su caso, cifras promedio. Considere, cuando proceda, la incidencia del impuesto sobre beneficios. El segundo decimal de los ratios se ha redondeado.

1.**16.** *[ÓRBIGO] ¿A qué importe ascendió el dividendo pagado por la sociedad a sus accionistas en los primeros días de enero del año X5?*

☐ A. 91 u.m. ☐ B. 130 u.m. ☐ C. 150 u.m. ☐ D. 105 u.m.

1.**17.** *[ÓRBIGO] El ratio de rentabilidad financiera, para el ejercicio terminado el 31-12-X5, asciende a (Nota: No compute el resultado del ejercicio entre los componentes de los fondos propios):*

☐ A. 16,96% ☐ B. 19,53% ☐ C. 20,42% ☐ D. Otra cifra.

1.**18.** *[ÓRBIGO] La rentabilidad del activo, para el ejercicio terminado el 31-12-X5, asciende a:*

☐ A. 4,96% ☐ B. 9,48% ☐ C. 13,99% ☐ D. Otra cifra.

1.**19.** *[ÓRBIGO] El coste financiero neto de los fondos ajenos remunerables, para el ejercicio terminado el 31-12-X5, asciende a:*

☐ A. 8,75% ☐ B. 9,66% ☐ C. 10,76% ☐ D. Otra cifra.

1.**20.** *[ÓRBIGO] La rotación del activo en el año X5 fue:*

☐ A. 0,61 veces. ☐ B. 0,66 veces. ☐ C. 0,71 veces. ☐ D. 1,51 veces.

Prueba de evaluación n.º 2*

Elija la mejor respuesta:

2.1. *¿Cuál de las siguientes proposiciones es incorrecta?*

- ☐ A. Una empresa puede estar en dificultades y, sin embargo, presentar un Informe de auditoría de cuentas limpio o sin salvedades.
- ☐ B. En un período de tiempo puede aumentar el capital circulante y, sin embargo, disminuir la tesorería.
- ☐ C. En un período de tiempo puede incurrirse en pérdidas y, sin embargo, aumentar la tesorería.
- ☐ D. Al formular el Estado de flujos de efectivo, todo aumento del capital social debe aparecer como un cobro por actividades de financiación.

2.2. *¿Cuál de los siguientes indicadores será más relevante para el analista de una entidad bancaria que ha de decidir sobre la concesión o no de un préstamo a largo plazo?*

- ☐ A. El ratio de cobertura de gastos financieros.
- ☐ B. El ratio de circulante.
- ☐ C. La rotación del inventario de mercaderías.
- ☐ D. La duración del ciclo de explotación.

2.3. *Usted sabe que las empresas industriales han de valorar sus inventarios de productos terminados por su coste o valor de mercado, el menor. Pero ¿qué se entiende, en este caso, por valor de mercado?*

- ☐ A. El precio de reposición.
- ☐ B. El valor neto realizable.
- ☐ C. El menor de A y B.
- ☐ D. El mayor de A y B.

2.4. *Si el precio convenido en una venta de mercancía se cobra íntegramente por anticipado, ¿en qué momento procede registrar, con carácter general, el ingreso correspondiente?*

- ☐ A. Cuando el cliente hace el pedido en firme.
- ☐ B. Cuando se entrega la mercancía.
- ☐ C. Cuando se cobra el anticipo.
- ☐ D. En cualquiera de los momentos señalados en B y C, indistintamente.

---

* Examen propuesto en la UNED. Convocatoria: Septiembre de 2002.

CASO PRÁCTICO PYRSA

Enunciado

PYRSA presenta las cuentas y saldos siguientes que conforman su Balance de situación referido al 31 de diciembre del año 20X5:

SALDOS DEUDORES		SALDOS ACREEDORES	
Caja y Bancos, c/c	6.000	Amortización acumulada de edificios	13.500
Clientes y efectos a cobrar	7.000	Anticipos de clientes	2.000
Dividendo activo a cuenta	4.000	Capital social (200 acciones)	20.000
Edificios	36.000	Resultado del ejercicio	5.000
Existencias de mercaderías	16.000	Préstamo a largo plazo	19.800
Gastos anticipados	1.400	Prima de emisión de acciones	12.200
Terrenos	27.500	Proveedores y efectos a pagar	8.400
		Deterioro de valor de créditos comerciales	400
		Remuneraciones pendientes de pago	1.600
		Reservas	15.000
Total saldos deudores	97.900	Total saldos acreedores	97.900

❍ SE PIDE:

Prepare en borrador el Balance de situación clasificado y conteste después las seis preguntas que se formulan seguidamente. Redondee, en su caso, la segunda cifra decimal de los ratios que se solicitan.

2.5. *[PYRSA] Si se devolviesen los anticipos de clientes, mediante pago en metálico, el ratio de circulante ascendería a:*

☐ A. 2,80 ☐ B. 2,84 ☐ C. 3 ☐ D. Otra cifra.

2.6. *[PYRSA] Si se devolviesen los anticipos de clientes, mediante pago en metálico, la prueba ácida ascendería a:*

☐ A. 1 ☐ B. 1,06 ☐ C. 1,20 ☐ D. Otra cifra.

2.7. *[PYRSA] Si el edificio se viene amortizando linealmente en 20 años con un valor residual de 6.000 u.m., ¿por cuántos años se ha amortizado hasta el 31 de diciembre de 20X5?*

☐ A. 6,43 años. ☐ B. 7,5 años. ☐ C. 9 años. ☐ D. 12,5 años.

2.8. *[PYRSA] El valor teórico de la acción de esta sociedad al 31 de diciembre de 20X5 es:*

☐ A. 234 u.m. ☐ B. 241 u.m. ☐ C. 261 u.m. ☐ D. Otra cifra.

2.9. *[PYRSA] Si durante el año 20X5 la cifra de ventas ascendió a 90.000 u.m., con un margen bruto igual al 20% del coste de la mercancía vendida, y la rotación de las existencias de mercaderías fue cinco veces en el año, el inventario de mercaderías al 31 de diciembre del año 20X4 era:*

☐ A. 12.800 u.m. ☐ B. 14.000 u.m. ☐ C. 14.400 u.m. ☐ D. Otra cifra.

2.10. *[PYRSA] Si los gastos de personal devengados durante el año 20X5 ascendieron a 21.000 u.m. y la deuda contraída por este concepto al 31 de diciembre de 20X4 era 1.400 u.m., ¿cuál fue el importe total pagado a los trabajadores a lo largo del año 20X5?*

☐ A. 19.400 u.m. ☐ B. 20.800 u.m. ☐ C. 21.200 u.m. ☐ D. 22.400 u.m.

[Fin del CASO PRÁCTICO]

2.11. *Señale la relación o ratio de endeudamiento total de una empresa que presenta la siguiente estructura financiera: Capital social, 30.000 u.m.; Reservas, 70.000 u.m.; Acreedores a largo plazo, 50.000 u.m., y Acreedores a corto plazo, 50.000 u.m.*

☐ A. 25% ☐ B. 50% ☐ C. 100% ☐ D. 200%

2.12. *Un análisis de la Cuenta de pérdidas y ganancias de cierta empresa comercial puso de manifiesto que se habían ignorado gastos devengados por 100.000 u.m. y que el inventario final de mercaderías se había sobrevalorado en 120.000 u.m. Estas circunstancias ocasionaron:*

☐ A. Una sobrevaloración del resultado neto del ejercicio por 20.000 u.m.

☐ B. Una infravaloración del resultado neto del ejercicio por 20.000 u.m.

☐ C. Una sobrevaloración del resultado neto del ejercicio por 220.000 u.m.

☐ D. Una infravaloración del resultado neto del ejercicio por 220.000 u.m.

2.13. *Una empresa constructora adquirió al comienzo del año X1, por 24.000 u.m., una hormigonera que viene amortizando a una tasa anual constante del 20%, porcentaje que se aplica sobre el valor contable al inicio de cada año. Si en los primeros días de enero del año X4 vendió aquella hormigonera por 12.000 u.m., ¿qué resultado produjo esta operación?*

☐ A. Un beneficio de 2.400 u.m.

☐ B. Una pérdida de 2.400 u.m.

☐ C. Un beneficio de 288 u.m.

☐ D. Una pérdida de 288 u.m.

2.14. *Los registros contables de cierta empresa industrial proporcionaron la siguiente información relativa al ejercicio anual concluido el 31 de diciembre de cierto año:*

Compras de materias primas	*120.000*
Devoluciones de materias primas	*8.000*
Reducción del inventario de materias primas	*8.000*
Mano de obra directa	*42.000*
Transportes de ventas de productos terminados	*4.000*
Transportes de compras de materias primas	*3.000*
Costes indirectos de fabricación	*27.000*
Aumento de la producción en curso	*10.000*

¿Cuál fue el coste de los productos terminados durante dicho año?

☐ A. 174.000 u.m. ☐ B. 182.000 u.m. ☐ C. 186.000 u.m. ☐ D. 202.000 u.m.

2.15. *Cierta empresa constructora utiliza el método del grado de avance para contabilizar las obras contratadas de larga duración. En el año 20X0, dicha empresa inició la construcción de un complejo turístico, por un precio cerrado de 6.000.000 u.m. Los registros contables proporcionan, entre otros, los siguientes datos relativos a dicha obra y referidos a la fecha de cierre de cada uno de los años que se indican:*

	Costes incurridos acumulados	*Costes estimados para concluir la obra*
20X0	*400.000 u.m.*	*3.600.000 u.m.*
20X1	*2.200.000 u.m.*	*2.200.000 u.m.*
20X2	*4.000.000 u.m.*	*800.000 u.m.*

¿Cuál es el beneficio que ha de imputarse a resultados del año 20X1?

☐ A. Cero. ☐ B. 200.000 u.m. ☐ C. 600.000 u.m. ☐ D. 800.000 u.m.

2.16. *Antes de liquidar en efectivo una deuda a corto plazo de 600.000 u.m., el activo circulante de cierta empresa ascendía a 2.000.000 u.m. —cifra que incluye 1.000.000 u.m. en cuentas de tesorería— y el pasivo circulante a 1.200.000 u.m. Señale la incidencia de aquella operación sobre los ratios de circulante (Activo circulante / Pasivo circulante) y de tesorería (Tesorería / Pasivo circulante).*

☐ A. Ambos ratios mejoran (aumentan).

☐ B. Ambos ratios empeoran (disminuyen).

☐ C. Mejora el ratio de circulante y empeora el ratio de tesorería.

☐ D. Ninguna de las respuestas anteriores es correcta.

2.17. *Con carácter general, el saldo que muestra la cuenta Amortización acumulada de maquinaria representa:*

☐ A. La tesorería disponible para renovar en el futuro la maquinaria.

☐ B. El valor neto contable de la maquinaria.

☐ C. La diferencia entre el coste de la maquinaria y su valor residual estimado.

☐ D. Ninguna de las respuestas anteriores es correcta.

2.18. *Siendo:* AF = *Activo fijo;* AC = *Activo circulante;* PN = *Patrimonio neto;* PF = = *Pasivo exigible a largo plazo, y* PC = *Pasivo circulante, ¿cuál de las siguientes identidades expresa la situación de máxima estabilidad financiera?*

☐ A. $PF + PC = AF + AC + PN$

☐ B. $PN + PF = AF + AC - PC$

☐ C. $PN = AF + AC - PC$

☐ D. $PN = AF + AC$

2.19. *¿En qué factores cabría descomponer el ratio de rentabilidad financiera o ratio de rentabilidad de los fondos propios?*

- ☐ A. Margen sobre ventas × Rotación del activo total × Ratio de endeudamiento total.
- ☐ B. Margen sobre ventas × Rotación del activo total + Riesgo financiero.
- ☐ C. Margen sobre ventas × Rotación del activo total × Ratio de rentabilidad económica.
- ☐ D. Margen sobre ventas × Rotación del activo total + (Ratio de rentabilidad económica – – Coste efectivo de los pasivo ajenos remunerables).

2.20. *Si el coeficiente básico de financiación fuese inferior a la unidad, ¿qué actuaciones podrían acometerse para incrementarlo?*

- ☐ A. Incrementar el endeudamiento a largo plazo.
- ☐ B. Enajenar activos fijos.
- ☐ C. Aumentar el plazo medio de pago a proveedores.
- ☐ D. Cualquiera de las anteriores.

Prueba de evaluación n.º 3*

Elija la mejor respuesta:

3.1. *Los pasivos contingentes han de comunicarse en:*

- ☐ A. La Memoria.
- ☐ B. El Informe de gestión.
- ☐ C. La Memoria o el Informe de gestión, indistintamente.
- ☐ D. El Informe de auditoría.

3.2. *De acuerdo con las Normas Internacionales de Contabilidad y el vigente Plan General de Contabilidad, por "valor en uso" de un activo se entiende:*

- ☐ A. Su coste histórico menos, en su caso, las amortizaciones y correcciones de valor por deterioro acumuladas.
- ☐ B. El valor actual de los flujos futuros de efectivo que se espera genere dicho activo.
- ☐ C. El desembolso que habría que realizar para su adquisición en el momento actual.
- ☐ D. Su precio neto de venta esperado sin deducir los gastos de transacción.

3.3. *Desde un punto de vista analítico, para calificar una partida de balance como fija o circulante se considerará:*

- ☐ A. La duración del ejercicio económico, normalmente el año natural.
- ☐ B. El período de maduración o ciclo normal de operaciones.
- ☐ C. El menor de los dos períodos descritos en A y B.
- ☐ D. El mayor de los dos períodos descritos en A y B.

3.4. *Cierta empresa industrial cuenta al principio de cierto ejercicio, entre otros activos, con un inventario de productos terminados por importe de 100.000 u.m. y unas instalaciones cuyo valor contable asciende a 1.200.000 u.m. (coste: 3.500.000 u.m.; amortización acumulada, 2.300.000 u.m.). Composición del coste de producción anual contabilizado por la empresa:*

Materias primas consumidas	*1.300.000*
Gastos del personal de fábrica	*200.000*
Amortización de las instalaciones	*400.000*
Otros gastos de fabricación	*200.000*
Coste de producción	*2.100.000*

El plan sistemático establecido para amortizar las instalaciones prevé su amortización lineal a razón del 10% anual sobre el precio de coste, sin embargo, este año se ha incrementado discrecionalmente esa dotación. No existe producción en curso ni al inicio ni al final del año y el coste de ventas del ejercicio computado por la sociedad ascendió a 1.990.000 u.m. ¿Cuál es la valoración correcta del inventario final de productos terminados si se aplica el método FIFO?

☐ A. 160.000 u.m. ☐ B. 205.000 u.m. ☐ C. 210.000 u.m. ☐ D. Otra cifra.

* Examen propuesto en la UNED. Convocatoria: Junio de 2003.

3.5. *Los datos que siguen se refieren al primer ejercicio anual concluido por una empresa comercial:*

— *Mercancías compradas a lo largo del año, 80.000 u.m.*
— *Existencias finales de mercancías, 20.000 u.m.*
— *Cobrado de clientes a lo largo del año, 50.000 u.m.*

Si el precio de venta equivale al 150% del precio de coste y todas las ventas se realizan a crédito, ¿cuál es la deuda contraída con dicha empresa por sus clientes en la fecha de cierre del ejercicio?

☐ A. 40.000 u.m. ☐ B. 60.000 u.m. ☐ C. 90.000 u.m. ☐ D. Otra cifra.

3.6. *El movimiento experimentado en el curso de cierto ejercicio por las dos cuentas que se presentan a continuación fue (cifras en unidades monetarias):*

Maquinaria

Saldo inicial	*65.000*	*Bajas*	*23.000*
Adquisiciones	*33.600*	*Saldo final*	*75.600*
	98.600		*98.600*

Amortización acumulada de maquinaria

Bajas	*14.700*	*Saldo inicial*	*34.500*
Saldo final	*30.000*	*Dotación anual*	*10.200*
	44.700		*44.700*

Se sabe, además: a) Que las compras y bajas por venta de maquinaria se han hecho al contado, y b) Que el estado de resultados muestra un beneficio por venta de maquinaria de 4.400 u.m. ¿Cuál era el "valor contable" o "valor en libros" de la maquinaria vendida en el ejercicio?

☐ A. 8.300 u.m. ☐ B. 12.700 u.m. ☐ C. 22.900 u.m. ☐ D. 33.600 u.m.

3.7. *Considerando la información proporcionada en la pregunta anterior, ¿cuál será el importe que figurará en el Estado de flujos de efectivo en el apartado de "Cobros por actividades de inversión"?*

☐ A. 10.700 u.m. ☐ B. 12.700 u.m. ☐ C. 20.900 u.m. ☐ D. 33.600 u.m.

3.8. *En el Estado de flujos de efectivo, ¿cuál o cuáles de las siguientes partidas figurará clasificada en el apartado "Pagos por actividades de financiación"?*

☐ A. La cancelación del descubierto en una cuenta corriente bancaria.
☐ B. El pago de los intereses de un préstamo hipotecario a largo plazo.
☐ C. El pago de dividendos.
☐ D. Dos de las partidas anteriores.

3.9. *El resultado líquido obtenido por cierta empresa en un ejercicio ascendió a 200.000 u.m. La cuenta de pérdidas y ganancias incluye las siguientes partidas:*

Ventas de mercaderías	*500.000*
Compras de mercaderías	*200.000*
Gastos de personal	*40.000*
Dotación por amortizaciones	*35.000*
Gastos financieros	*10.000*
Impuesto sobre beneficios	*15.000*

Todas las compras y ventas fueron al contado y la empresa no cuenta con inventario de mercancías ni al inicio ni al final del ejercicio. Si, además, el único pasivo de la empresa es la deuda contraída con la Hacienda Pública por el Impuesto sobre sociedades contabilizado, ¿cuál es la tesorería neta generada por actividades de operaciones?

☐ A. 150.000 u.m. ☐ B. 165.000 u.m. ☐ C. 200.000 u.m. ☐ D. 250.000 u.m.

3.10. *Estado de resultados resumido de cierta sociedad al término de su primer año de actividad:*

Ingresos totales	*150.000*
Gastos totales	*90.000*
Resultado del ejercicio	*60.000*

En la fecha de cierre de dicho ejercicio el saldo de las cuentas a cobrar de clientes asciende a 22.500 u.m. y la dotación por amortizaciones computada fue 15.000 u.m. Calcule el efectivo neto generado por actividades de explotación.

☐ A. 52.500 u.m. ☐ B. 67.500 u.m. ☐ C. 75.000 u.m. ☐ D. Otra cifra.

3.11. *Si la cifra de activo circulante es superior a la del pasivo circulante, la cancelación en efectivo de la deuda contraída con un proveedor:*

☐ A. Reduce el capital circulante.
☐ B. Incrementa el capital circulante.
☐ C. Reduce el ratio de circulante.
☐ D. Incrementa el ratio de circulante.

3.12. *Al comparar los ratios de circulante de dos sociedades, ¿por qué podría ser incorrecto concluir que la sociedad que presenta un ratio más elevado presenta una situación financiera más favorable?*

☐ A. El ratio de circulante incluye partidas de inmovilizado financiero.
☐ B. El ratio de circulante incluye ciertas deudas a largo plazo.
☐ C. El ratio de circulante podría incluir inventarios obsoletos.
☐ D. El ratio de circulante no incluye los gastos pagados por anticipado.

3.13. *Calcule el ratio de endeudamiento total considerando la siguiente información que se ha obtenido del balance de situación de cierta sociedad:*

Activo circulante	*150.000*
Activo total	*210.250*
Acreedores a corto plazo	*30.450*
Acreedores a largo plazo	*45.000*

☐ A. 36% ☐ B. 56% ☐ C. 64% ☐ D. Otra cifra.

CASO PRÁCTICO EURO

Enunciado

EURO, S.A. presenta los siguientes balances, antes de la aplicación del resultado, y las cuentas de resultados de los ejercicios que se indican (cifras en u.m.).

BALANCES DE SITUACIÓN	31-12-X2	31-12-X1
ACTIVO		
Inmovilizado material	416.000	320.000
Existencias de mercaderías	44.000	40.000
Clientes y efectos comerciales a cobrar	40.000	20.000
Gastos anticipados	10.000	8.000
Tesorería	90.000	152.000
Total Activo	600.000	540.000
PASIVO		
Capital social	180.000	160.000
Reservas	30.000	20.000
Empréstito de obligaciones a largo plazo	300.000	300.000
Proveedores y efectos comerciales a pagar	40.000	20.000
Resultado del ejercicio	50.00	40.000
Total Pasivo	600.000	540.000

CUENTAS DE RESULTADOS (extracto)	Año X2	Año X1
Ventas de mercaderías	240.000	200.000
Compras de mercaderías	100.000	85.000
Variación de existencias de mercaderías (aumento)	4.000	5.000
Intereses de obligaciones	15.000	15.000
Otros gastos de explotación	66.500	53.000
Impuesto sobre beneficios	12.500	12.000

Se sabe, además, que la ampliación de capital realizada en el transcurso del año X2 consistió en una emisión de acciones totalmente liberadas y que, en los últimos días de ese mismo año, el Consejo de Administración ha acordado el pago en enero del año X3 de un dividendo de 20.000 u.m., a cuenta del resultado obtenido en el año X2, acuerdo que está pendiente de contabilizar.

❍ SE PIDE:

Utilizando toda la información disponible, conteste las siete preguntas que se formulan seguidamente. Los resultados se han redondeado, en su caso, de acuerdo con el siguiente criterio: por defecto, si el decimal es inferior a 0,5 y por exceso, si el decimal es igual o superior a 0,5.

3.14. *[EURO] ¿A qué importe ascendió el dividendo pagado en X2 con cargo a los resultados del año X1?*

☐ A. 10.000 u.m. ☐ B. 20.000 u.m. ☐ C. 30.000 u.m. ☐ D. Otra cifra.

3.15. *[EURO] ¿Cuál es el ratio de circulante al 31 de diciembre del año X2?*

☐ A. 3,66 ☐ B. 3,07 ☐ C. 5 ☐ D. Otra cifra.

3.16. *[EURO] ¿Cuál es la prueba ácida al 31 de diciembre del año X2?*

☐ A. 2,17 ☐ B. 2,33 ☐ C. 3,25 ☐ D. 3,50

3.17. *[EURO] Si todas las ventas se hacen a crédito, ¿cuál fue el plazo medio de cobro a clientes en el año X2? (Nota: 1 año = 360 días)*

☐ A. 45 días. ☐ B. 60 días. ☐ C. 90 días. ☐ D. Otra cifra.

3.18. *[EURO] ¿Cuál fue la rotación del inventario de mercaderías en el año X2?*

☐ A. 1,66 veces. ☐ B. 2,29 veces. ☐ C. 2 veces. ☐ D. 2,5 veces.

3.19. *[EURO] ¿Cuál fue la tasa de rentabilidad financiera o de los fondos propios en el año X2?*

☐ A. 19,23% ☐ B. 20,83% ☐ C. 21,74% ☐ D. Otra cifra.

3.20. *[EURO] ¿Cuál fue la tasa de rentabilidad de los fondos totales (fondos propios + + fondos ajenos remunerables) en el año X2?*

☐ A. 8,93% ☐ B. 11,70% ☐ C. 12,03% ☐ D. Otra cifra.

Prueba de evaluación n.º 4*

Elija la mejor respuesta:

4.1. *En épocas de inflación, si para determinar el coste de ventas y valorar el inventario final de mercancías se aplica el método FIFO, en lugar del LIFO, se producirá:*

- ☐ A. Un incremento de la rotación del inventario.
- ☐ B. Un incremento de la cifra de ventas.
- ☐ C. Una valoración inferior de las existencias finales.
- ☐ D. Un incremento del gasto por el impuesto sobre beneficios.

4.2. *Cierta sociedad, que concede crédito a sus clientes por un plazo de hasta nueve meses, viene aplicando el criterio de cancelar estos saldos una vez transcurrido dicho plazo. Si las ventas y saldos cancelados en los tres últimos ejercicios fueron:*

Ventas anuales		*Saldos cancelados y año de venta*	
20X1	*12.000*	*350*	*20X1*
20X2	*13.000*	*300* *350*	*20X1* *20X2*
20X3	*15.000*	*250* *100*	*20X2* *20X3*

Para ajustarse a lo requerido por los principios y normas contables, ¿cuál es la pérdida por deterioro de créditos comerciales que debería dotarse cuando se formulen las cuentas anuales del ejercicio 20X3, teniendo en cuenta la información proporcionada?

☐ A. 650 u.m. ☐ B. 700 u.m. ☐ C. 750 u.m. ☐ D. 900 u.m.

4.3. *El 31 de agosto de 20X0 cierta empresa compró una maquinaria por 44.000 u.m. que amortiza linealmente en siete años computando un valor residual de 2.000 u.m. Dicha máquina se vendió el 30 de junio de 20X4 por 18.000 u.m. ¿Cuál fue el resultado producido por esta venta, teniendo en cuenta que dicha empresa, que cierra sus ejercicios anuales el 31 de diciembre, sigue el criterio de amortizar por el año completo cuando adquiere activos fijos amortizables pero no computa gasto alguno por este mismo concepto en el año en que se venden?*

- ☐ A. Una pérdida de 2.000 u.m.
- ☐ B. Una pérdida de 3.000 u.m.
- ☐ C. Un beneficio de 4.000 u.m.
- ☐ D. Una pérdida de 4.000 u.m.

---

* Examen propuesto en la UNED. Convocatoria: Septiembre de 2003.

4.4. *Los registros contables de una empresa comercial proporcionan la siguiente información (considere que todas las compras de mercancías se realizan a crédito):*

	31-12-20X3	31-12-20X2
Existencias de mercaderías	*10.600*	*10.300*
Clientes y efectos comerciales a cobrar	*5.400*	*4.800*
Proveedores y efectos comerciales a pagar	*5.900*	*6.380*

Si durante el año 20X3 las ventas al contado ascendieron a 23.200 u.m.; se cobraron de los clientes por ventas a crédito 130.800 u.m., y se pagaron a los proveedores 93.200 u.m., ¿cuál fue el margen bruto obtenido en dicho año?

☐ A. 38.720 u.m. ☐ B. 61.750 u.m. ☐ C. 62.180 u.m. ☐ D. Otra cifra.

4.5. *¿En qué sección del Estado de flujos de efectivo deben figurar los ingresos financieros por dividendos cobrados durante el ejercicio?*

☐ A. Actividades de explotación.

☐ B. Actividades de inversión.

☐ C. Actividades de financiación.

☐ D. Los dividendos cobrados no figuran en el Estado de flujos de efectivo.

4.6. *Al comienzo y al final de cierto ejercicio las dos cuentas que se indican presentaban estos saldos:*

	1 de enero	31 de diciembre
Maquinaria	*800.000*	*850.000*
Amortización acumulada de maquinaria	*200.000*	*225.000*

Si la amortización del ejercicio ascendió a 40.000 u.m., se adquirió maquinaria nueva por 100.000 u.m. y se vendió una máquina usada con un beneficio de 10.000 u.m., ¿cuál fue el precio de venta de la máquina vendida?

☐ A. 25.000 u.m. ☐ B. 35.000 u.m. ☐ C. 45.000 u.m. ☐ D. 50.000 u.m.

4.7. *Si una empresa comercial compra mercancía a crédito su ratio de circulante:*

☐ A. Aumenta.

☐ B. Disminuye.

☐ C. No se modifica.

☐ D. Puede aumentar, disminuir o permanecer invariable.

4.8. *Calcule la cifra de gastos financieros considerando los datos siguientes: resultado líquido del ejercicio, 900.000 u.m.; tipo efectivo del impuesto sobre beneficios, 25%, y tasa de cobertura de los gastos financieros, 4,5. (Cifras redondeadas, en su caso.)*

☐ A. 218.182 u.m. ☐ B. 300.000 u.m. ☐ C. 342.857 u.m. ☐ D. Otra cifra.

4.9. *En el último ejercicio cerrado, la rotación del inventario de mercancía de cierta sociedad fue 10 veces y el margen bruto representó el 25% de la cifra de ventas. Si el inventario ascendía a 50.000 u.m. y 70.000 u.m. al comienzo y al final de aquel ejercicio, respectivamente, ¿cuál fue el margen bruto?*

☐ A. 150.000 u.m. ☐ B. 200.000 u.m. ☐ C. 600.000 u.m. ☐ D. 800.000 u.m.

4.10. *En el último ejercicio cerrado, las ventas de cierta empresa comercial ascendieron a 1.000.000 u.m., el margen bruto a 500.000 u.m., el resultado antes de impuestos a 250.000 u.m. y la tasa efectiva del impuesto sobre beneficios es el 20%. Si el promedio de fondos propios fue 2.000.000 u.m., ¿cuál es la tasa de rentabilidad financiera conseguida en dicho ejercicio?*

☐ A. 10% ☐ B. 12,5% ☐ C. 25% ☐ D. 50%

4.11. *¿Qué porcentaje del pasivo total representan los fondos ajenos si el ratio de endeudamiento es 0,60?*

☐ A. 37,5% ☐ B. 40% ☐ C. 60% ☐ D. 62,5%

CASO PRÁCTICO ROLSA

Enunciado

En el último ejercicio cerrado por la sociedad ROLSA la tasa de rentabilidad económica o rentabilidad de los activos totales fue el 10% y el tipo efectivo del impuesto sobre beneficios el 40%. La totalidad del activo (10 millones de euros) estaba financiado con fondos propios. Para acometer un ambicioso plan de expansión, y bajo la hipótesis de mantenimiento de aquella tasa de rentabilidad, la dirección de la sociedad baraja dos alternativas de financiación:

- Alternativa a): Solicitar un préstamo bancario por dos millones, al 5% de interés anual, y ampliar el capital social en cuatro millones.
- Alternativa b): Solicitar un préstamo bancario por seis millones, al 6% de interés anual.

❍ SE PIDE:

Conteste las cinco preguntas que se formulan seguidamente.

4.12. *[ROLSA] ¿Cuál fue el beneficio antes de intereses e impuestos en el último ejercicio?*

☐ A. 600.000 euros. ☐ B. 1.000.000 euros. ☐ C. 1.666.667 euros. ☐ D. 2.500.000 euros.

4.13. *[ROLSA] ¿Cuál será el beneficio antes de intereses e impuestos si se elige la alternativa a)?*

☐ A. 1.024.000 euros. ☐ B. 1.540.000 euros. ☐ C. 1.600.000 euros. ☐ D. 2.666.667 euros.

4.14. *[ROLSA] ¿Cuál será el beneficio antes de intereses e impuestos si se elige la alternativa b)?*

☐ A. 1.190.400 euros. ☐ B. 1.384.000 euros. ☐ C. 1.600.000 euros. ☐ D. 2.666.667 euros.

4.15. *[ROLSA] Suponiendo que los seis millones de financiación adicional se obtuviesen al inicio del ejercicio, ¿cuál será la rentabilidad de los fondos propios si se opta por la alternativa a)?*

☐ A. 10,28% ☐ B. 11% ☐ C. 12,83% ☐ D. 15,40%

4.16. *[ROLSA] Suponiendo que los seis millones de financiación adicional se obtuviesen al inicio del ejercicio, ¿cuál será la rentabilidad de los fondos propios si se opta por la alternativa b)?*

☐ A. 9,89% ☐ B. 11% ☐ C. 13,84% ☐ D. 15,40%

CASO PRÁCTICO SIL

Enunciado

SIL, S.A., sociedad titular de una empresa comercial, presentó el siguiente balance resumido al término del último ejercicio (las cifras omitidas se indican con el signo de interrogación):

ACTIVO		PASIVO	
Activo fijo	?	Fondos propios	1.000.000
Clientes y efectos a cobrar	?	Pasivo circulante	?
Inventario de mercaderías	?		
Tesorería	?		
Total Activo	?	Total Pasivo	?

Información adicional disponible:

Pasivo circulante / Fondos propios	1,2
Rotación del activo total	2,1 veces
Rotación del inventario de existencias	6 veces
Plazo medio de cobro a clientes (año de 360 días)	30 días
Tasa de margen bruto (% sobre la cifra de ventas)	20%
Tesorería / Pasivo circulante	0,6
Otros gastos (todos excepto el coste de ventas)	790.000
Otros ingresos (todos excepto la cifra de ventas)	126.000

❍ SE PIDE:

Conteste las cuatro preguntas que se plantean a continuación. Suponga que los saldos de balance reflejan cifras promedio y que todas las ventas fueron a crédito.

4.17. *[SIL] ¿A qué cifra asciende el activo total?*

☐ A. 1.390.000 u.m. ☐ B. 1.590.000 u.m. ☐ C. 1.833.333 u.m. ☐ D. 2.200.000 u.m.

4.18. *[SIL] ¿Cuál es el saldo de las cuentas a cobrar de clientes?*

☐ A. 308.000 u.m. ☐ B. 385.000 u.m. ☐ C. 550.000 u.m. ☐ D. Otra cifra.

4.19. *[SIL] El ratio de circulante calculado a partir del balance obtenido es:*

☐ A. 0,92 ☐ B. 1,11 ☐ C. 1,43 ☐ D. Otra cifra.

4.20. *[SIL] El ratio de rentabilidad financiera, calculado sobre la cifra total de fondos propios en la fecha de cierre del ejercicio, asciende a:*

☐ A. 11,82% ☐ B. 13,40% ☐ C. 21,67% ☐ D. 26%

Prueba de evaluación n.º 5*

Elija la mejor respuesta:

5.1. *El objetivo fundamental de la auditoría externa es:*

- ☐ A. Detectar fraudes y errores.
- ☐ B. Evaluar la gestión realizada por la dirección de la sociedad auditada.
- ☐ C. Emitir una opinión sobre la razonabilidad de los estados financieros auditados.
- ☐ D. Calcular los ratios financieros más relevantes.

5.2. *¿Cuál de las siguientes partidas no forma parte del activo intangible?*

- ☐ A. Fondo de comercio.
- ☐ B. Marcas.
- ☐ C. Inversiones financieras.
- ☐ D. Patentes.

5.3. *En una empresa industrial, ¿cuál de los siguientes gastos no forma parte del coste de producción?*

- ☐ A. Los gastos de reparación de la maquinaria.
- ☐ B. Los sueldos del personal de fábrica.
- ☐ C. Los salarios del personal administrativo.
- ☐ D. Los seguros contra incendios de las dependencias fabriles.

5.4. *Los ingresos, con carácter general, deben reconocerse cuando:*

- ☐ A. Se recibe el pedido del cliente.
- ☐ B. El cliente ha adquirido la obligación de pagar por los bienes suministrados o los servicios prestados.
- ☐ C. Los bienes están disponibles para la venta.
- ☐ D. Se cobran, por aplicación del principio de prudencia.

5.5. *En épocas inflacionistas, ¿cuál de las siguientes magnitudes será inferior si se utiliza el método FIFO en lugar del método del coste medio ponderado?*

- ☐ A. Activo circulante.
- ☐ B. Resultado del ejercicio.
- ☐ C. Coste de la mercancía vendida.
- ☐ D. Impuesto sobre beneficios.

---

* Examen propuesto en la UNED. Convocatoria: Junio de 2004, primera semana.

CASO PRÁCTICO LCV

Enunciado

La revisión de los registros contables de LCV, S.A., referidos al ejercicio terminado el 31 de diciembre de 20X7, ha proporcionado la siguiente información:

1. El 1 de octubre se vendió al contado por 15.000 euros un vehículo, operación que se registró cargando por dicho importe la cuenta de Caja y abonando a Elementos de transporte. Dicho vehículo se había comprado por 40.000 euros el 1 de enero de 20X3 y se venía amortizando a razón del 10% anual sobre el precio de adquisición, amortización que se registraba en la fecha de cierre de cada ejercicio.
2. La cuenta abierta con un proveedor de la sociedad presentaba saldo acreedor por 18.200 euros, advirtiéndose que no se había contabilizado la entrega a dicho proveedor de un cheque, entrega realizada por un cliente de LCV por cuenta de esta sociedad. Considerando esta operación el saldo de la cuenta abierta con aquel proveedor ascendería a 31.800 euros y signo deudor.
3. La deuda de los clientes con la sociedad al 31-12-20X7, registrada en la cuenta de Clientes, asciende a 70.000 euros. Aunque se estima que el 5% de dicho importe no podrá recuperarse, la sociedad no había dotado provisión alguna por este concepto.
4. El 1 de junio de 20X7 se habían pagado 12.000 euros por la prima correspondiente al seguro de incendios, que cubre el período anual que termina el 31 de mayo de 20X8. Dicho importe se cargó en la cuenta de Edificios y no ha sido objeto de ajuste alguno.
5. El inventario de mercaderías al 1-1-20X7 y 31-12-20X7 ascendía a 200.000 y 180.000 euros, respectivamente, y las compras netas del año importaron 1.800.000 euros, observándose que en la Cuenta de resultados del año 20X7 se había cargado 1.900.000 euros en concepto de coste de la mercancía vendida.

❍ SE PIDE:

Considerando las informaciones anteriores, independientes entre sí, señale los ajustes que procedan.

5.6. *[LCV, punto 1)] Ajuste que procede realizar en cuentas de balance:*

☐ A.

15.000	Caja			
19.000	Amortización acumulada			
6.000	Resultado del ejercicio	a	Elementos de transporte	40.000

☐ B.

15.000	Elementos de transporte			
3.000	Resultado del ejercicio	a	Caja	15.000
		a	Amortización acumulada	3.000

☐ C.

6.000	Resultado del ejercicio			
19.000	Amortización acumulada	a	Elementos de transporte	25.000

☐ D.

9.000	Resultado del ejercicio			
16.000	Amortización acumulada	a	Elementos de transporte	25.000

5.7. *[LCV, punto 2)] Ajuste que procede realizar en cuentas de balance:*

☐ A.	50.000	Proveedores	a	Clientes	50.000
☐ B.	18.200	Proveedores			
	31.800	Bancos, c/c	a	Proveedores	31.800
			a	Clientes	18.200
☐ C.	50.000	Bancos, c/c	a	Clientes	50.00
☐ D.	50.000	Proveedores	a	Bancos, c/c	18.200
			a	Clientes	31.800

5.8. *[LCV, punto 3)] Ajuste que procede realizar en cuentas de balance:*

☐ A.	3.500	Resultado del ejercicio	a	Clientes	3.500
☐ B.	3.500	Resultado del ejercicio	a	Deterioro de valor de créditos comerciales	3.500
☐ C.	3.500	Clientes de dudoso cobro			
	3.500	Resultado del ejercicio	a	Clientes	3.500
			a	Deterioro de valor de créditos comerciales	3.500
☐ D.	3.500	Resultado del ejercicio	a	Clientes de dudoso cobro	3.500

5.9. *[LCV, punto 4)] Ajuste que procede realizar en cuentas de balance:*

☐ A.	6.000	Resultado del ejercicio			
	6.000	Seguros pagados por anticipado	a	Bancos, c/c	12.000
☐ B.	12.000	Resultado del ejercicio	a	Edificios	12.000
☐ C.	5.000	Resultado del ejercicio			
	7.000	Seguros pagados por anticipado	a	Edificios	12.000
☐ D.	7.000	Resultado del ejercicio			
	5.000	Seguros pagados por anticipado	a	Edificios	12.000

5.10. *[LCV, punto 5)] Ajuste que procede realizar en cuentas de balance:*

☐ A.	20.000	Existencias de mercaderías	a	Resultado del ejercicio	20.000
☐ B.	80.000	Existencias de mercaderías	a	Resultado del ejercicio	80.000
☐ C.	20.000	Resultado del ejercicio	a	Existencias de mercaderías	20.000
☐ D.	80.000	Resultado del ejercicio	a	Existencias de mercaderías	80.000

[Fin del CASO PRÁCTICO]

5.11. *Los saldos inicial y final de las cuentas a cobrar (Clientes y Efectos comerciales a cobrar) ascienden a 45.000 y 48.000 euros, respectivamente. Si las ventas del ejercicio fueron 430.000 euros, ¿cuál fue el efectivo neto generado por los cobros a clientes?*

☐ A. 427.000 euros. ☐ B. 433.000 euros. ☐ C. 475.000 euros. ☐ D. 382.000 euros.

5.12. *El coste de ventas fue 190.000 euros, y los inventarios inicial y final de mercaderías ascendían a 14.000 y 22.000 euros, respectivamente. Durante el ejercicio, los gastos pagados por anticipado disminuyeron en 6.000 euros, las cuentas a cobrar aumentaron en 6.200 euros y las cuentas a pagar a proveedores se incrementaron en 3.000 euros. ¿Cuál fue el importe total pagado a los proveedores?*

☐ A. 201.000 euros. ☐ B. 195.000 euros. ☐ C. 198.000 euros. ☐ D. 185.000 euros.

5.13. *La cuenta Seguros pagados por anticipado presentaba un saldo inicial de 14.000 euros y un saldo final de 24.000 euros. Durante el período contable se contrató y pagó una póliza de seguros por importe de 8.000 euros. Si el gasto por primas de seguros que figura en la cuenta de resultados asciende a 9.000 euros, ¿cuál fue el importe total pagado a la compañía de seguros en aquel ejercicio?*

☐ A. 27.000 euros. ☐ B. 19.000 euros. ☐ C. 18.000 euros. ☐ D. 10.000 euros.

5.14. *Calcule el signo e importe del flujo neto de efectivo derivado de las actividades de inversión, si el Estado de flujos de efectivo formulado proporciona los siguientes datos (cifras en euros):*

Efectivo neto generado por actividades de explotación	*23.000*
Efectivo neto aplicado en actividades de financiación	*15.000*
Aumento neto del efectivo en el ejercicio	*22.000*

☐ A. Positivo por 14.000 euros.

☐ B. Negativo por 16.000 euros.

☐ C. Negativo por 14.000 euros.

☐ D. Positivo por 30.000 euros.

5.15. *Interprete la siguiente información:*

	1 de enero	**31 de diciembre**
Equipos informáticos	*45.000*	*54.000*
Amortización acumulada de equipos informáticos	*24.000*	*33.000*

Si durante el ejercicio se vendió por 1.200 euros un viejo ordenador que había costado 6.000 euros y cuyo valor contable, en el momento de la venta, ascendía a 1.000 euros, ¿cuál fue el importe de la amortización dotada en aquel ejercicio?

☐ A. 5.000 euros. ☐ B. 9.000 euros. ☐ C. 14.000 euros. ☐ D. 23.000 euros.

5.16. *Considerando la siguiente información, obtenida de las cuentas anuales formuladas por cierta sociedad, calcule el tipo impositivo efectivo (cifras en miles de euros).*

Total ingresos	*5.870*
Impuesto sobre beneficios	*387*
Total gastos (antes de impuestos)	*4.681*
Hacienda Pública, acreedora por impuesto sobre beneficios	*294*
Resultado del ejercicio	*802*

☐ A. 7,8% ☐ B. 24,7% ☐ C. 32,5% ☐ D. 48,3%

CASO PRÁCTICO KITSA

Enunciado

KITSA presenta la siguiente información financiera (cifras en miles de euros):

BALANCES DE SITUACIÓN	31-12-20X4	31-12-20X5
Activo fijo neto	2.500	4.000
Existencias	1.300	2.000
Clientes	2.000	1.600
Tesorería	2.400	820
Total Activo	8.200	8.420
Capital social	2.500	2.500
Reservas	400	700
Resultado del ejercicio	1.200	2.000
Préstamo hipotecario a largo plazo	2.600	2.340
Préstamo hipotecario a corto plazo	—	260
Proveedores	1.500	620
Total Pasivo	8.200	8.420

CUENTAS DE PÉRDIDAS Y GANANCIAS (extracto)	Año 20X4	Año 20X5
Ventas de mercaderías	14.400	17.000
Compras de mercaderías	11.600	13.300
Resultado antes de impuestos	1.600	2.500
Resultado del ejercicio	1.200	2.000

APLICACIÓN DEL RESULTADO	Año 20X4	Año 20X5
Dividendo acordado, pagadero a los 90 días	900	800
Dotación a reservas	300	1.200

Información adicional:

- Las existencias de mercaderías al 1 de enero de 20X4 ascendían a 1.500.000 euros.
- Los gastos financieros en 20X5 importaron 260.000 euros y corresponden en su totalidad a los intereses satisfechos por el préstamo hipotecario.

❍ SE PIDE:

Conteste las cuatro preguntas que a continuación se formulan.

5.17. *[KITSA] ¿Cuál fue el incremento experimentado por el margen bruto en el año 20X5 respecto al año 20X4?*

☐ A. 900.000 euros. ☐ B. 1.500.000 euros. ☐ C. 1.600.000 euros. ☐ D. 1.800.000 euros.

5.18. *[KITSA] ¿Cuál fue el coste financiero, neto de impuestos, del préstamo hipotecario en el año 20X5?*

☐ A. 169.000 euros. ☐ B. 182.000 euros. ☐ C. 195.000 euros. ☐ D. 208.000 euros.

5.19. *[KITSA] ¿Cuál es el ratio de circulante al 31 de diciembre de 20X5? (Redondee los resultados al segundo decimal)*

☐ A. 2,14 ☐ B. 2,63 ☐ C. 4,09 ☐ D. 5,02

5.20. *[KITSA] ¿Cuál de los siguientes indicadores mide más correctamente la rentabilidad financiera correspondiente al ejercicio 20X5?*

☐ A. $\frac{2.000.000}{(4.100.000 + 5.200.000) / 2} \times 100 = 43{,}01\%$

☐ B. $\frac{2.000.000}{4.100.000} \times 100 = 48{,}78\%$

☐ C. $\frac{2.000.000}{5.200.000} \times 100 = 38{,}46\%$

☐ D. $\frac{(1.200.000 + 2.000.000) / 2}{(4.100.000 + 5.200.000) / 2} \times 100 = 34{,}41\%$

Prueba de evaluación n.º 6*

Elija la mejor respuesta:

6.1. *Cierta sociedad, titular de un taller de reparaciones, computa como gastos del ejercicio las compras de aquellas herramientas cuyo coste unitario es inferior a 100 euros, en lugar de registrarlas en cuentas de inmovilizado. Dicha política es un ejemplo de aplicación del principio de:*

- ☐ A. Prudencia.
- ☐ B. Empresa en funcionamiento.
- ☐ C. Importancia relativa.
- ☐ D. Correlación de ingresos y gastos.

6.2. *En épocas de inflación, el empleo del método LIFO implica que:*

- ☐ A. No se respeta la regla "coste o mercado, el más bajo".
- ☐ B. El coste de ventas será mayor y el impuesto sobre beneficios menor que si se utilizase el método FIFO.
- ☐ C. Los ingresos y el resultado del ejercicio serán mayores que si se utilizase el método FIFO.
- ☐ D. El coste de ventas será inferior y el resultado del ejercicio mayor que si se utilizase el método FIFO.

6.3. *Una vez formuladas las cuentas anuales se descubrió que se habían omitido gastos devengados por 15.000 euros y que el inventario final de mercaderías se había sobrevalorado en 5.000 euros. El efecto de tales errores produjo:*

- ☐ A. Una reducción del resultado líquido del ejercicio por 10.000 euros.
- ☐ B. Una reducción del resultado líquido del ejercicio por 20.000 euros.
- ☐ C. Un aumento del resultado líquido del ejercicio por 10.000 euros.
- ☐ D. Un aumento del resultado líquido del ejercicio por 20.000 euros.

6.4. *Calcule el coste de la producción terminada en el ejercicio por una empresa industrial cuyos registros contables proporcionan la siguiente información (cifras en euros):*

Coste de producción del ejercicio	*792.000*
Mano de obra directa	*220.000*
Gastos indirectos de fabricación	*72.000*
Existencias de productos en curso, saldo inicial	*240.000*
Existencias de productos en curso, saldo final	*350.000*

☐ A. 390.000 euros. ☐ B. 682.000 euros. ☐ C. 902.000 euros. ☐ D. 974.000 euros.

* Examen propuesto en la UNED. Convocatoria: Junio de 2004, segunda semana.

CASO PRÁCTICO FSA

Enunciado

De las cuentas anuales de la sociedad FSA, referidas a los tres últimos ejercicios, se ha obtenido la siguiente información (cifras en euros):

Balances resumidos al 31 de diciembre	20X1	20X2	20X3
Activo fijo neto	14.700	16.300	15.300
Existencias	2.760	4.080	4.690
Clientes	4.000	4.500	5.200
Tesorería	540	1.420	710
Total Activo	22.000	26.300	25.900
Fondos propios	18.700	20.300	21.600
Pasivo circulante (Proveedores, Impuesto sobre beneficios y Dividendos a pagar)	3.300	6.000	4.300
Total Pasivo	22.000	26.300	25.900

Otros datos			
Ventas de mercaderías (todas a crédito)	36.000	37.000	39.000
Compras de mercaderías (todas a crédito)	23.000	25.000	28.000
Resultado antes del impuesto sobre beneficios	3.200	4.600	2.400

Información adicional disponible:

- La sociedad inició su actividad en los primeros días de enero del año 20X1 emitiendo 10.000 acciones con un valor nominal de 1 euro más 65 céntimos de euro en concepto de prima. El precio de emisión fue desembolsado por los accionistas en su totalidad en aquella fecha.
- El gasto correspondiente al impuesto sobre beneficios, que se obtiene aplicando el tipo impositivo efectivo al resultado antes de impuestos, ascendió a 500 euros en 20X2 y 600 euros en 20X3. Este impuesto no gravó los beneficios del año 20X1, por tratarse del primer año de actividad.
- Dividendos acordados: 10 céntimos de euro por acción en 20X1, 20 céntimos en 20X2 y 5 céntimos en 20X3.
- Tanto el impuesto sobre beneficios como los dividendos se registran antes de formular el balance referido al final de cada ejercicio, pero los pagos por ambos conceptos se producen en el ejercicio siguiente.

❍ SE PIDE:

Conteste las cinco preguntas que se formulan a continuación.

6.5. *[FSA] ¿Cuál fue el dividendo total distribuido con cargo a resultados del año 20X1?*

☐ A. Cero euros. ☐ B. 1.000 euros. ☐ C. 1.600 euros. ☐ D. 1.700 euros.

6.**6.** *[FSA] ¿Qué importe figurará, en concepto de reservas por resultados retenidos, en el balance correspondiente al 31 de diciembre de 20X2?*

☐ A. 2.000 euros. ☐ B. 2.200 euros. ☐ C. 4.300 euros. ☐ D. 10.300 euros.

6.**7.** *[FSA] ¿Cuál fue el plazo medio de cobro a clientes en el año 20X2? (Año de 365 días y cifras redondeadas)*

☐ A. 42 días. ☐ B. 44 días. ☐ C. 45 días. ☐ D. 48 días.

6.**8.** *[FSA] ¿Cuál fue el plazo medio de pago a proveedores en el año 20X3? (Año de 365 días y cifras redondeadas)*

☐ A. 22 días. ☐ B. 44 días. ☐ C. 52 días. ☐ D. 56 días.

6.**9.** *[FSA] Si antes del cierre del ejercicio 20X3 la sociedad hubiese cobrado la mitad de la deuda contraída en aquella fecha por sus clientes, concediendo por ello un descuento del 4% por pronto pago, ¿cuál habría sido el efecto de dicha operación sobre las magnitudes y ratios que se indican?*

	Impuesto sobre beneficios	Resultado del ejercicio	Ratio de circulante	Prueba ácida
☐ A.	Disminuye	Disminuye	No afecta	No afecta
☐ B.	Aumenta	Disminuye	Aumenta	Disminuye
☐ C.	Aumenta	Aumenta	Disminuye	Aumenta
☐ D.	Disminuye	Disminuye	Disminuye	Disminuye

[Fin del CASO PRÁCTICO]

6.**10.** *Señale la valoración correcta del inventario de productos terminados si se conoce la siguiente información (cifras en euros):*

Productos	*Costes directos*	*Costes indirectos*	*Gastos de distribución y venta*	*Precio de venta estimado*
Tipo I	*2.470*	*2.100*	*480*	*5.800*
Tipo II	*9.360*	*2.730*	*150*	*12.040*
Tipo III	*1.450*	*850*	*290*	*2.560*
	13.280	*5.680*	*920*	*20.400*

☐ A. 13.280 euros. ☐ B. 18.730 euros. ☐ C. 18.960 euros. ☐ D. 19.650 euros.

6.**11.** *Analice la incidencia de cada una de las cuatro operaciones que se enuncian seguidamente sobre las tres magnitudes indicadas y señale la respuesta incorrecta.*

(i) El pago de un dividendo que había sido registrado previamente.

(ii) La venta al contado de un inmovilizado por un precio superior a su valor contable.

(iii) La reclasificación temporal de la cuota anual de un préstamo contratado originariamente a largo plazo.

(iv) La devolución por un cliente de una mercancía vendida a crédito con un margen del 25%.

	Operación	Activo fijo	Capital circulante	Resultado del ejercicio
☐ A.	(i)	No cambia	No cambia	No cambia
☐ B.	(ii)	Disminuye	Aumenta	Aumenta
☐ C.	(iii)	No cambia	Disminuye	Disminuye
☐ D.	(iv)	No cambia	Disminuye	Disminuye

6.12. *En una nota de la memoria se lee la siguiente información (cifras en euros):*

Maquinaria	*Coste*	*Amortización*	*Valor contable*
Saldo inicial	*25.000*	*12.000*	*13.000*
Entradas	*15.000*	*4.000*	*11.000*
Salidas	*(10.000)*	*(8.000)*	*(2.000)*
Saldo final	*30.000*	*8.000*	*22.000*

Si las entradas representan la compra de una nueva maquinaria adquirida al contado y las salidas la baja de una vieja maquinaria vendida igualmente al contado y con un beneficio de 2.000 euros, ¿cuál fue el flujo neto de efectivo requerido por las operaciones descritas?

☐ A. 9.000 euros. ☐ B. 11.000 euros. ☐ C. 13.000 euros. ☐ D. 15.000 euros.

6.13. *Si la cifra de ventas netas en los años 20X0 (año base), 20X1 y 20X2 asciende a 25.000, 21.600 y 28.300 euros, respectivamente, los números índices de 20X1 y 20X2 son:*

- ☐ A. 20X1: 1,56; 20X2: 2,50.
- ☐ B. 20X1: 0,62; 20X2: 1,25.
- ☐ C. 20X1: 0,86; 20X2: 1,13.
- ☐ D. 20X1: 0,96; 20X2: 1,25.

6.14. *Señale la proposición incorrecta:*

- ☐ A. Un ratio de circulante igual a 2 disminuirá si se liquida en efectivo una deuda a corto plazo.
- ☐ B. Para calcular la prueba ácida no se computan los inventarios de existencias.
- ☐ C. El PER *(Price-Earnings Ratio)* es el cociente entre la cotización de la acción y el beneficio neto por acción.
- ☐ D. Cuanto más bajo sea el ratio de endeudamiento menor será el riesgo para los acreedores.

6.15. *Calcule la cifra de compras netas del ejercicio terminado si se conocen los ratios y magnitudes siguientes: ratio de circulante, 2,5; prueba ácida, 2; pasivo circulante, 400.000 euros; rotación del inventario de existencias, 3 veces, y existencias iniciales de mercaderías, 100.000 euros.*

☐ A. 350.00 euros. ☐ B. 450.000 euros. ☐ C. 550.000 euros. ☐ D. Otra cifra.

6.16. *¿Cuál de las siguientes fórmulas expresa correctamente la relación existente entre la tasa de rentabilidad económica o de los activos (*Re*), el beneficio global sobre ventas (*BGV*) y la rotación del activo (*RA*)?*

☐ A. $Re = BGV / RA$

☐ B. $Re = BGV + RA$

☐ C. $Re = BGV \times RA$

☐ D. $Re = BGV - RA$

CASO PRÁCTICO BELL

Enunciado

El balance resumido de BELL, S.A. incluye las siguientes agrupaciones y partidas: Activo fijo, Activo circulante (Existencias de mercaderías, Clientes, Inversiones financieras a corto plazo y Tesorería), Fondos propios, Pasivo exigible a largo plazo y Pasivo circulante. Considerando los datos siguientes:

Existencias de mercaderías (euros)	150.000
Total Activo (euros)	1.400.000
Ratio de circulante	3,00
Prueba del ácido	2,25
Pasivo exigible / Fondos propios	1,50

❍ SE PIDE:

Conteste las cuatro preguntas que a continuación se formulan.

6.17. *[BELL] El activo circulante asciende a:*

☐ A. 200.000 euros. ☐ B. 400.000 euros. ☐ C. 600.000 euros. ☐ D. Otra cifra.

6.18. *[BELL] Los fondos propios ascienden a:*

☐ A. 560.000 euros. ☐ B. 840.000 euros. ☐ C. 933.333 euros. ☐ D. No puede calcularse.

6.19. *[BELL] El pasivo exigible a largo plazo asciende a:*

☐ A. 560.000 euros. ☐ B. 640.000 euros. ☐ C. 840.000 euros. ☐ D. Otra cifra.

6.20. *[BELL] La tesorería asciende a:*

☐ A. 150.000 euros. ☐ B. 200.000 euros. ☐ C. 300.000 euros. ☐ D. No puede calcularse.

Prueba de evaluación n.º 7*

Elija la mejor respuesta:

7.1. *La imputación a resultados de una subvención de capital, concedida a la empresa por un organismo público para financiar la compra de equipos informáticos, se producirá:*

- ☐ A. En los ejercicios durante los cuales el equipo sea utilizado.
- ☐ B. En el ejercicio en que se recibe la subvención.
- ☐ C. En el ejercicio en que el equipo entra en funcionamiento.
- ☐ D. En el ejercicio en que se produzca la enajenación o baja en patrimonio de aquellos equipos.

7.2. *¿Cuál de los siguientes métodos, utilizados para el reconocimiento de los ingresos, es más conservador?*

- ☐ A. Método de la producción.
- ☐ B. Método del porcentaje de terminación.
- ☐ C. Método del grado de avance.
- ☐ D. Método del cobro.

7.3. *La clasificación de los activos y pasivos como circulantes o corrientes y fijos o no corrientes depende de:*

- ☐ A. Su naturaleza.
- ☐ B. La forma jurídica de la sociedad.
- ☐ C. La finalidad de las cuentas anuales formuladas.
- ☐ D. La liquidez o exigibilidad relativa de cada partida.

7.4. *La cifra de capital circulante en un momento dado indica:*

- ☐ A. La liquidez de la empresa.
- ☐ B. La diferencia entre el activo circulante total y los inventarios.
- ☐ C. El resultado del período más las amortizaciones y provisiones dotadas en el mismo.
- ☐ D. La diferencia entre los fondos de financiamiento o financiación básica y las inversiones en activos fijos.

7.5. *La cifra de capital circulante óptimo o ideal viene determinada por:*

- ☐ A. La cuantía del pasivo exigible a largo plazo.
- ☐ B. El plazo medio de cobro a clientes.
- ☐ C. La duración del período medio de maduración.
- ☐ D. El ratio de solvencia a corto plazo.

* Examen propuesto en la UNED. Convocatoria: Septiembre de 2004.

7.6. *Si la rotación del inventario de existencias ha aumentado sustancialmente en el ejercicio actual, en relación con el ejercicio inmediato anterior, y, sin embargo, se han mantenido estables tanto la cifra de ventas como el importe de los inventarios, ¿cuál de las siguientes razones explica aquel incremento de la rotación del inventario?*

- ☐ A. Ha disminuido el coste de ventas.
- ☐ B. Ha aumentado la rotación de las cuentas comerciales a cobrar.
- ☐ C. Ha aumentado la rotación del activo total.
- ☐ D. Ha disminuido el margen comercial.

7.7. *¿Qué nombre recibe la relación Fondos propios / Activo total?*

- ☐ A. Coeficiente básico de financiación.
- ☐ B. Ratio de endeudamiento.
- ☐ C. Ratio de solvencia a largo plazo.
- ☐ D. Ratio de autonomía financiera.

CASO PRÁCTICO ECO

Enunciado

ECO, S.L., sociedad titular de una empresa comercial, ha formulado los estados de resultados que se muestran en la tabla siguiente. Calcule las cifras omitidas, que se indican con el signo de interrogación, y conteste las cuatro preguntas que a continuación se plantean (cifras en euros).

CUENTAS Y MÁRGENES	20X1	20X0
Beneficio bruto en ventas	142.500	135.000
Compras de mercaderías	204.000	?
Coste de ventas	150.000	?
Devoluciones de compras	6.000	7.500
Devoluciones de ventas	?	4.500
Gastos generales*	45.000	?
Mercaderías, existencias finales	?	75.000
Mercaderías, existencias iniciales	?	74.000
Resultado del ejercicio	?	60.000
Ventas de mercaderías	?	300.000

* En esta partida se registran todos los gastos, excepto el coste de la mercancía vendida. En el año 20X1 los gastos de amortización representaron el 20% del saldo final de la cuenta Gastos generales.

7.8. *[ECO] ¿Cuál fue el importe de los Gastos generales en el año 20X0?*

☐ A. 75.000 euros. ☐ B. 195.000 euros. ☐ C. Otra cifra. ☐ D. No puede calcularse.

7.9. *[ECO] ¿Cuál es el saldo de la cuenta Compras de mercaderías en el estado de resultados del año 20X0?*

☐ A. 161.500 euros. ☐ B. 165.000 euros. ☐ C. 169.000 euros. ☐ D. 170.000 euros.

7.10. *[ECO] ¿Cuál es la valoración del inventario de mercaderías al 31 de diciembre de 20X1?*

☐ A. 75.000 euros. ☐ B. 122.000 euros. ☐ C. 123.000 euros. ☐ D. 129.000 euros.

7.11. *[ECO] Considerando la información disponible, ¿a qué importe asciende la magnitud "Recursos procedentes de la explotación" correspondiente al año 20X1?*

☐ A. 88.500 euros. ☐ B. 106.500 euros. ☐ C. 142.500 euros. ☐ D. 196.500 euros.

[Fin del CASO PRÁCTICO]

7.12. *Señale la valoración correcta de una maquinaria, adquirida al contado, considerando la siguiente información (cifras en euros):*

Precio de coste, según catálogo del proveedor	*36.000*
Descuento por pronto pago	*3.600*
Gastos pagados al transportista	*400*
Costes de instalación pagados a terceros	*100*
Costes de instalación de personal propio	*50*

☐ A. 32.900 euros. ☐ B. 32.950 euros. ☐ C. 36.500 euros. ☐ D. 36.550 euros.

7.13. *Si cierta empresa comercial presenta un ratio de circulante igual a 1,25, ¿cuál o cuáles de las siguientes operaciones incrementará dicho ratio?*

☐ A. Un compra de mercancías al contado.

☐ B. La liquidación de un préstamo bancario a corto plazo.

☐ C. El cobro de un crédito a corto plazo concedido por la empresa.

☐ D. Las operaciones descritas en las alternativas B y C.

7.14. *Si el ratio de endeudamiento total es 0,40, ¿qué porcentaje representa el pasivo exigible respecto al pasivo total (fondos propios + pasivo exigible)?*

☐ A. 28,57% ☐ B. 40% ☐ C. 60% ☐ D. 71,43%

7.15. *Calcule la cifra de fondos propios que figurará en el último balance formulado por cierta sociedad si se conocen las siguientes magnitudes y ratios (cifras en euros):*

Ventas del ejercicio	*50.000*
Activo circulante	*10.000*
Ratio de circulante	*1,25*
Ratio de endeudamiento a largo plazo	*1*
Ventas / Activo fijo neto	*2*

☐ A. 11.250 euros. ☐ B. 13.500 euros. ☐ C. 19.000 euros. ☐ D. Otra cifra.

7.**16.** *Una empresa de mensajería presta sus servicios a una gran superficie comercial cobrando un precio único por cada envío realizado. Calcule el punto muerto o umbral de rentabilidad, expresado en número de envíos, considerando la siguiente información referida a los dos últimos meses (los costes fijos y el coste variable unitario se mantienen constantes):*

	Julio	Agosto
Número de envíos	200	300
Importe total facturado (euros)	5.000	7.500
Beneficio (euros)	1.000	2.200

☐ A. 108 envíos. ☐ B. 117 envíos. ☐ C. 170 envíos. ☐ D. Otro número.

7.**17.** *Considerando las siguientes magnitudes y ratios, calcule el importe de los gastos financieros del ejercicio:*

Activo total, promedio	8.000.000 euros
Fondos propios, promedio	5.000.000 euros
Impuesto sobre beneficios	300.000 euros
Rentabilidad de los fondos propios	18%
Rentabilidad del activo total	15%

☐ A. 315.000 euros. ☐ B. 400.000 euros. ☐ C. 449.977 euros. ☐ D. 461.538 euros.

CASO PRÁCTICO HILSA

Enunciado

De las últimas cuentas anuales publicadas por HILSA se han obtenido los siguientes datos (cifras en miles de euros):

	20X4	20X3
Resultado líquido del ejercicio	160	150
Total fondos propios al 31 de diciembre	1.900	1.600
Total activos al 31 de diciembre	8.500	9.000

❍ SE PIDE:

Teniendo en cuenta la información disponible, calcule los ratios que se solicitan e indique en cada caso la mejor respuesta (los resultados se ofrecen redondeados al segundo decimal).

7.**18.** *[HILSA] El ratio de endeudamiento al 31 de diciembre de 20X4:*

☐ A. 462,50% ☐ B. 400% ☐ C. 347,37% ☐ D. 28,79%

7.19. *[HILSA] El ratio de rentabilidad financiera del ejercicio 20X4 (considere la partida "Resultado líquido del ejercicio" parte integrante de los fondos propios iniciales y finales):*

☐ A. 8,16% ☐ B. 8,40% ☐ C. 8,86% ☐ D. 9,14%

7.20. *[HILSA] El ratio de rentabilidad económica del ejercicio 20X4:*

☐ A. 1,72% ☐ B. 1,77% ☐ C. 1,83% ☐ D. 1,88%

Prueba de evaluación n.º 8*

Elija la mejor respuesta:

8.1. *A continuación se presentan las siglas de cuatro expresiones españolas y sus equivalentes en lengua inglesa. ¿Cuál es incorrecta?*

☐ A. CNIC = IASB ☐ B. NIC = IAS ☐ C. NIIF = IFRS ☐ D. BPA = PER

8.2. *¿Cuáles son los dos requisitos primarios o características cualitativas básicas de la información financiera?*

☐ A. Comprensibilidad y utilidad.
☐ B. Relevancia y fiabilidad.
☐ C. Comparabilidad y objetividad.
☐ D. Oportunidad y verificabilidad.

8.3. *¿Qué hipótesis o principio presume que la actividad del sujeto contable continuará indefinidamente?*

☐ A. Empresa en funcionamiento.
☐ B. Devengo.
☐ C. Prudencia.
☐ D. Correlación de ingresos y gastos.

8.4. *¿Qué limitaciones o debilidades se achacan al modelo contable basado en el coste histórico?*

☐ A. Las amortizaciones dotadas generalmente sobrevaloran los resultados periódicos.
☐ B. Los resultados reconocidos cuando se enajenan activos inmovilizados no se imputan a los ejercicios durante los cuales realmente se han generado.
☐ C. Dificulta el reconocimiento de los intangibles internamente generados.
☐ D. Todas las enunciadas en las respuestas anteriores.

8.5. *Para reconocer (registrar) un activo en el balance, ¿cuál de las siguientes condiciones no tiene que cumplirse necesariamente?*

☐ A. Que se trate de un recurso cuyo control detente el sujeto contable.
☐ B. Que tenga su origen en transacciones u otros sucesos pasados.
☐ C. Que sea propiedad legal del sujeto contable.
☐ D. Que tenga capacidad para contribuir a la generación de rendimientos o beneficios económicos en el futuro.

---

* Examen propuesto en la UNED. Convocatoria: Junio 2005, primera semana.

CASO PRÁCTICO VERGO

Enunciado

VERGO, S.A. ha solicitado un préstamo y la entidad bancaria le pide los balances de situación auditados del último ejercicio. El Departamento de Contabilidad de la sociedad había formulado los referidos a los dos últimos años, que no habían sido auditados, y presentaban los siguientes saldos:

SALDOS DEUDORES	31-12-X9	31-12-X8	SALDOS ACREEDORES	31-12-X9	31-12-X8
Maquinaria e instalaciones . .	155.000	108.500	Capital social	195.000	195.000
Participaciones en empresas a largo plazo	40.500	40.500	Reservas	127.000	38.500
Existencias de mercaderías . .	212.500	153.500	Provisión para responsabilidades	50.000	—
Clientes	243.500	196.000	Proveedores	210.000	173.500
Tesorería	141.500	75.000	Amortización acumulada . .	75.000	60.500
			Deterioro de valor de participaciones en empresas a largo plazo	5.500	1.500
			Deterioro de valor de clientes	25.400	16.000
			Resultado del ejercicio . . .	105.100	88.500
Total saldos deudores . .	793.000	573.500	Total saldos acreedores .	793.000	573.500

En el curso de la auditoría se ha obtenido la siguiente información adicional:

1. La cuenta Participaciones en empresas a largo plazo registra el coste de un paquete de acciones adquiridas en el año X8. Su valor de mercado al 31 de diciembre de los años X8 y X9 ascendía a 39.000 y 36.500 euros, respectivamente.
2. La sociedad cuantifica la dotación anual del deterioro de los créditos concedidos a clientes aplicando un porcentaje sobre la cifra de ventas netas. El auditor considera que este porcentaje debería pasar del 2,5% al 2%, con efectos desde el 1 de enero del año X9. Las ventas ascendieron a 640.000 y 790.000 euros en los años X8 y X9, respectivamente.
3. Por errores de recuento en los inventarios realizados al 31-12-X8 y 31-12-X9 las existencias se sobrevaloraron en 6.000 y 9.000 euros, respectivamente.
4. La sociedad amortiza linealmente, en cinco años, la totalidad de los elementos incluidos en la cuenta Maquinaria e instalaciones, sin computar valor residual alguno. El 1 de enero del año X8 la sociedad cargó en una cuenta de gastos el coste pagado por una maquinaria, que ascendió a 15.000 euros.
5. El 1 de julio del año X9 la sociedad vendió por 1.500 euros una maquinaria adquirida por 10.500 euros cuya amortización se había completado con la dotación efectuada el 31-12-X8. Para contabilizar esta venta se hizo:

1.500	*Tesorería*	*a*	*Maquinaria e instalaciones*	1.500

6. En octubre del año X9 la sociedad fue demandada por un presunto delito ecológico. Aunque los distintos informes jurídicos solicitados coinciden en que es altamente improbable que dicha demanda prospere, la sociedad dotó una provisión de 50.000 euros por la pérdida contingente que pudiera derivarse.

❍ SE PIDE:

Conteste las seis preguntas que se formulan seguidamente.

8.6. *[VERGO, punto 1)] Ajuste en los saldos de las cuentas de balance referidos al 31-12-X9:*

☐ A.	1.500	Resultado del ejercicio	a	Deterioro de valor de participaciones en empresas a largo plazo	1.500
☐ B.	1.500	Deterioro de valor de participaciones en empresas a largo plazo	a	Resultado del ejercicio	1.500
☐ C.	4.000	Resultado del ejercicio	a	Deterioro de valor de participaciones en empresas a largo plazo	4.000
☐ D.	5.500	Deterioro de valor de participaciones en empresas a largo plazo	a	Reservas	1.500
			a	Resultado del ejercicio	4.000

8.7. *[VERGO, punto 2)] Ajuste en los saldos de las cuentas de balance referidos al 31-12-X9:*

☐ A.	15.800	Resultado del ejercicio	a	Deterioro de valor de clientes	15.800
☐ B.	9.600	Resultado del ejercicio	a	Deterioro de valor de clientes	9.600
☐ C.	9.400	Deterioro de valor de clientes	a	Clientes	9.400
☐ D.	9.600	Deterioro de valor de clientes	a	Resultado del ejercicio	9.600

8.8. *[VERGO, punto 3)] Ajuste en los saldos de las cuentas de balance referidos al 31-12-X9:*

☐ A.	6.000	Reservas			
	9.000	Resultado del ejercicio	a	Existencias de mercaderías	15.000
☐ B.	9.000	Resultado del ejercicio	a	Existencias de mercaderías	9.000
☐ C.	6.000	Reservas			
	3.000	Resultado del ejercicio	a	Existencias de mercaderías	9.000
☐ D.	6.000	Reservas			
	9.000	Resultado del ejercicio	a	Existencias de mercaderías	6.000
			a	Deterioro de valor de las mercaderías	9.000

8.9. ***[VERGO, punto 4)] Ajuste en los saldos de las cuentas de balance referidos al 31-12-X9:***

☐ A.	15.000	Maquinaria e instalaciones	a	Reservas (resultados del año X8)	15.000
☐ B.	15.000	Maquinaria e instalaciones			
	3.000	Resultado del ejercicio	a	Reservas (resultados del año X8)	15.000
			a	Amortización acumulada	3.000
☐ C.	15.000	Maquinaria e instalaciones			
	6.000	Resultado del ejercicio	a	Reservas (resultados del año X8)	15.000
			a	Amortización acumulada	6.000
☐ D.	15.000	Maquinaria e instalaciones			
	3.000	Resultado del ejercicio	a	Reservas (resultados del año X8)	12.000
			a	Amortización acumulada	6.000

8.10. ***[VERGO, punto 5)] Ajuste en los saldos de las cuentas de balance referidos al 31-12-X9:***

☐ A.	10.500	Amortización acumulada			
	1.500	Resultado del ejercicio	a	Maquinaria e instalaciones	10.500
			a	Tesorería	1.500
☐ B.	10.500	Amortización acumulada	a	Maquinaria e instalaciones	9.000
			a	Resultado del ejercicio	1.500
☐ C.	12.600	Amortización acumulada	a	Maquinaria e instalaciones	9.000
			a	Resultado del ejercicio	2.100
			a	Tesorería	1.500
☐ D.	10.500	Amortización acumulada	a	Maquinaria e instalaciones	9.000
			a	Reservas	1.500

8.11. ***[VERGO, punto 6)] Ajuste en los saldos de las cuentas de balance referidos al 31-12-X9:***

☐ A.	50.000	Provisión para responsabilidades	a	Resultado del ejercicio	50.000
☐ B.	50.000	Provisión para responsabilidades	a	Tesorería	50.000
☐ C.	25.000	Provisión para responsabilidades	a	Resultado del ejercicio	25.000

☐ D. De acuerdo con lo requerido por el principio de prudencia, no procede ajuste.

[Fin del CASO PRÁCTICO]

8.12. ***El activo fijo neto de cierta empresa ascendía a 9.100.000 y 9.900.000 euros al principio y al final del ejercicio, respectivamente. Si a lo largo del mismo adquirió nuevos elementos de inmovilizado por 2.000.000 de euros y vendió por 150.000 euros un activo fijo cuyo valor en libros era 100.000 euros, ¿cuál fue la cifra cargada a resultados, en dicho ejercicio contable, en concepto de amortización?***

☐ A. 1.050.000 euros. ☐ B. 1.100.000 euros. ☐ C. 1.850.000 euros. ☐ D. 2.700.000 euros.

8.13. *Cierta empresa concierta el 30% de sus ventas al contado y el resto a crédito. De las ventas a crédito cobra el 20% en el mes en que se produce la operación, un 60% en el mes siguiente y el 20% restante a lo largo del segundo mes posterior a la venta. Si las ventas mensuales de enero a abril fueron: 400.000, 500.000, 600.000 y 400.000 euros, respectivamente, ¿cuál fue el importe total cobrado en el mes de abril?*

☐ A. 378.000 euros. ☐ B. 442.000 euros. ☐ C. 498.000 euros. ☐ D. 522.000 euros.

8.14. *¿Cuál de las siguientes afirmaciones es falsa?*

☐ A. Una empresa puede terminar el ejercicio con pérdidas y, sin embargo, presentar un flujo neto de efectivo por actividades de explotación positivo.

☐ B. Una empresa puede terminar el ejercicio con beneficio y, sin embargo, presentar un flujo neto de efectivo por actividades de explotación negativo.

☐ C. Las sociedades que apliquen las NIC-NIIF han de publicar el efectivo por acción.

☐ D. Las sociedades que apliquen las NIC-NIIF han de revelar el beneficio por acción del ejercicio.

8.15. *En el Estado de flujos de efectivo la información se presenta en tres secciones (explotación, inversión y financiación), atendiendo a la naturaleza de las partidas que generan o consumen tesorería. De acuerdo con este criterio, ¿cuál de las cuatro combinaciones mostradas en la siguiente tabla es correcta?*

	Actividades de explotación	Actividades de inversión	Actividades de financiación
☐ A.	Activos fijos	Refinanciación de deuda	Cuentas comerciales a cobrar
☐ B.	Cuentas comerciales a cobrar	Activos fijos	Acciones propias
☐ C.	Refinanciación de deuda	Acciones propias	Activos fijos
☐ D.	Acciones propias	Cuentas comerciales a cobrar	Refinanciación de deuda

8.16. *Cuando para presentar el Estado de flujos de efectivo se utiliza el método indirecto, ¿cuál de las siguientes partidas ha de sumarse a la cifra de resultados a fin de obtener el efectivo generado o consumido por las actividades de explotación?*

☐ A. El incremento experimentado en el ejercicio por el inventario.

☐ B. La disminución experimentada en el ejercicio por la deuda contraída con los proveedores.

☐ C. La dotación del ejercicio por amortizaciones.

☐ D. Las tres partidas señaladas en las respuestas anteriores han de sumarse.

8.17. *Considerando la información que se facilita seguidamente y sabiendo además que la cifra anual de ventas ascendió a 450.000 euros, ¿cuál fue el importe total cobrado de los clientes en dicho ejercicio?*

	31 de diciembre	*1 de enero*
Clientes y efectos comerciales por cobrar	*125.000*	*100.000*
Anticipos en efectivo recibidos de clientes	*60.000*	*50.000*

☐ A. 415.000 euros. ☐ B. 435.000 euros. ☐ C. 465.000 euros. ☐ D. 485.000 euros.

8.18. *Considerando los datos que se proporcionan seguidamente y sabiendo además que el coste anual de la mercancía vendida ascendió a 270.000 euros, ¿cuál fue el importe total pagado a los proveedores en dicho ejercicio?*

	31 de diciembre	**1 de enero**
Existencias de mercaderías	*122.000*	*145.000*
Proveedores y efectos comerciales por pagar . .	*75.000*	*60.000*

☐ A. 232.000 euros. ☐ B. 262.000 euros. ☐ C. 278.000 euros. ☐ D. 308.000 euros.

8.19. *Cuando se calculan los números índices, cada partida del balance y del estado de resultados se divide por:*

☐ A. El total activo y las ventas netas, respectivamente.

☐ B. La partida equivalente del balance y de la cuenta de resultados en el año base, respectivamente.

☐ C. El total pasivo y los ingresos netos, respectivamente.

☐ D. Dos de las respuestas anteriores son correctas.

8.20. *Considerando la información financiera que se ofrece en la tabla adjunta, ¿cuál de las afirmaciones que se realizan después no es verdadera?*

Magnitudes	***20X4***	***20X3***	***20X2***	***20X1***
Ventas netas	*160.000*	*130.000*	*100.000*	*80.000*
Coste de ventas	*96.000*	*71.500*	*53.000*	*41.600*
Resultado del ejercicio . . .	*28.000*	*26.000*	*25.000*	*24.000*

☐ A. Las ventas en 20X4 crecieron un 200% con respecto al año 20X1.

☐ B. El resultado en 20X4 ha aumentado un 16,67% con respecto al alcanzado en 20X1.

☐ C. El margen bruto en 20X4 ha aumentado un 66,67% desde el año 20X1.

☐ D. El margen global sobre ventas ha disminuido año tras año.

8.21. *La denominada "financiación espontánea" incluye:*

☐ A. Las cuentas comerciales por cobrar (Clientes y efectos comerciales por cobrar).

☐ B. Las cuentas comerciales por pagar (Proveedores y efectos comerciales por pagar).

☐ C. Los descubiertos en cuentas corrientes bancarias.

☐ D. Las líneas de crédito dispuestas.

8.22. *Con carácter general, ¿cuál de las siguientes afirmaciones es correcta?*

☐ A. Es conveniente que la rotación de las cuentas a cobrar sea baja.

☐ B. Cuanto menor sea el coeficiente de endeudamiento, menor será el riesgo financiero.

☐ C. La tasa de rentabilidad económica empeorará si aumenta el resultado líquido y se mantienen las cifras de ventas y del activo total.

☐ D. El ratio de cobertura de los gastos financieros se reducirá si aumenta el tipo impositivo efectivo.

8.**23.** *Las magnitudes que se presentan en la tabla adjunta corresponden al 31 de diciembre de los años que se indican. Si el número de acciones en circulación desde el año 20X1 es 50.000 y no ha variado, ¿cuál de las afirmaciones que se efectúan después es cierta?*

Magnitudes	*20X4*	*20X3*	*20X2*	*20X1*
Pasivo exigible	*100.000*	*150.000*	*122.000*	*80.000*
Capital social y Reservas . .	*80.000*	*150.000*	*130.000*	*100.000*
Resultado del ejercicio . . .	*20.000*	*23.000*	*24.000*	*125.000*

☐ A. Al 31 de diciembre de 20X1 el coeficiente de endeudamiento era 0,80.

☐ B. El beneficio por acción del año 20X4 ha sido 0,40 euros.

☐ C. El valor en libros de cada acción al 31 de diciembre de 20X2 era 260 euros.

☐ D. Las tres afirmaciones anteriores son ciertas.

8.**24.** *Si los costes fijos suman 1.000.000 de euros y los costes variables ascienden a 1 euro por cada 5 euros de ingresos por ventas, ¿qué cifra de ventas permitirá alcanzar el umbral de rentabilidad?*

☐ A. 250.000 euros. ☐ B. 1.250.000 euros. ☐ C. 1.333.333 euros. ☐ D. 1.400.000 euros.

8.**25.** *El capital social de cierta sociedad, a lo largo del último año, ascendió a 400.000 euros, siendo el resultado del ejercicio 40.000 euros y habiéndose repartido un 25% del mismo en concepto de dividendo activo a cuenta. Si el valor de capitalización (valor de mercado) de esta sociedad el último día de dicho año era 480.000 euros y 10 euros el valor nominal de cada acción, ¿cuál es su PER?*

☐ A. 4 ☐ B. 12 ☐ C. 16 ☐ D. 40

Prueba de evaluación n.º 9*

Elija la mejor respuesta:

9.1. *A continuación se presentan las siglas de cuatro expresiones españolas y sus equivalentes en lengua inglesa. ¿Cuál es incorrecta?*

☐ A. CNIC = FASB ☐ B. NIC = IAS ☐ C. NIIF = IFRS ☐ D. BPA = EPS

9.2. *¿Qué hipótesis o principio contable requiere reconocer la depreciación que se produce en determinados activos cuando su valor de mercado se sitúa por debajo del coste histórico?*

☐ A. Empresa en funcionamiento.

☐ B. Prudencia.

☐ C. Devengo.

☐ D. Precio de adquisición.

9.3. *Los créditos comerciales (principalmente los registrados en las cuentas de Clientes y Efectos comerciales a cobrar) deben figurar valorados en balance por su:*

☐ A. Valor neto realizable.

☐ B. Coste histórico.

☐ C. Coste de reposición.

☐ D. Valor actual neto.

9.4. *Para reconocer (contabilizar o registrar) un pasivo exigible, ¿cuál de las siguientes condiciones no tiene que cumplirse necesariamente?*

☐ A. Que represente una deuda en el momento en que se formula el balance.

☐ B. Que sea resultado de transacciones u otros sucesos pasados.

☐ C. Que su cancelación requiera sacrificar activos.

☐ D. Que se trate de deudas de cuantía y vencimiento conocidos con exactitud.

9.5. *Una naviera firmó un contrato por el que se comprometió a fabricar un buque en tres años, a un precio cerrado de 6.000.000 de euros. Calcule el resultado que procede reconocer en el segundo año si se utiliza el método del porcentaje de terminación o grado de avance de la obra y se conoce la siguiente información:*

	Costes anuales incurridos	Costes pendientes estimados	Resultado anual reconocido
Año 1	2.400.000	?	480.000
Año 2	1.552.000	1.248.000	?

☐ A. 128.000 euros. ☐ B. 160.000 euros. ☐ C. 608.000 euros. ☐ D. 800.000 euros.

* Examen propuesto en la UNED. Convocatoria: Junio 2005, segunda semana.

9.6. ***En períodos inflacionistas, ¿qué supone aplicar el método LIFO en lugar del FIFO?***

- ☐ A. El LIFO proporciona una valoración de las existencias finales inferior.
- ☐ B. El LIFO asigna un coste a la mercancía vendida superior.
- ☐ C. El LIFO es un método fiscalmente ventajoso.
- ☐ D. Todas las consideraciones anteriores son ciertas.

9.7. ***En las cuentas anuales del último ejercicio se produjeron dos errores. Las existencias iniciales de mercaderías se sobrevaloraron en 5.000 euros y las existencias finales se infravaloraron en 3.000 euros. ¿Cómo afectaron estos errores al resultado anual calculado?***

- ☐ A. El resultado anual se sobrevaloró en 2.000 euros.
- ☐ B. El resultado anual se sobrevaloró en 8.000 euros.
- ☐ C. El resultado anual se infravaloró en 8.000 euros.
- ☐ D. El resultado anual se infravaloró en 2.000 euros.

CASO PRÁCTICO ACB

Enunciado

ACB, S.A. presentó los siguientes estados financieros en la fecha de cierre del ejercicio terminado el 31 de diciembre del año X4. Todas las compras y ventas de mercancía se efectuaron a crédito y con cifras en unidades monetarias (u.m.).

BALANCES DE SITUACIÓN	31-12-X4	31-12-X3
Efectivo	290	?
Clientes	1.000	960
Deterioro de valor de créditos comerciales	(100)	?
Existencias de mercaderías	600	800
Inmovilizado material	?	3.300
Amortización acumulada del inmovilizado material	(400)	(650)
Total Activo		
Proveedores	?	250
Dividendos activos a pagar	50	10
Gastos de administración y venta a pagar		
Impuesto sobre beneficios a pagar	?	180
Capital social		
Ganancias retenidas	900	?
Total Pasivo		

CUENTA DE RESULTADOS		Año X4
Ingresos		900
Ventas de mercaderías	900	
Gastos		(820)
Coste de ventas	380	
Pérdidas por deterioro de créditos comerciales	30	
Dotación de amortizaciones	130	
Gastos de administración y venta	60	
Pérdidas procedentes del inmovilizado material	200	
Impuesto sobre beneficios	20	
Resultado del ejercicio		80

ESTADO DE FLUJOS DE EFECTIVO		Año X4
Cobros de clientes	810	
Pagos a proveedores	(320)	
Pagos por gastos de administración y venta	(270)	
Pagos por impuesto sobre beneficios	(110)	
Efectivo neto por actividades de explotación		110
Cobros por ventas de inmovilizado	440	
Pago por la compra de un local comercial	(500)	
Efectivo neto por actividades de inversión		(60)
Cobros por acciones emitidas	130	
Pagos por dividendos	(60)	
Efectivo neto por actividades de financiación		70

❍ SE PIDE:

Conteste las preguntas que se formulan seguidamente.

9.8. *[ACB] Efectivo al 31 de diciembre del año X3:*

☐ A. 110 u.m. ☐ B. 210 u.m. ☐ C. 460 u.m. ☐ D. Otra cifra.

9.9. *[ACB] Deterioro de valor de créditos comerciales al 31 de diciembre del año X3:*

☐ A. 50 u.m. ☐ B. 70 u.m. ☐ C. 120 u.m. ☐ D. 130 u.m.

9.10. *[ACB] Ganancias retenidas (Reservas + Resultado del ejercicio) al 31 de diciembre del año X3:*

☐ A. 780 u.m. ☐ B. 820 u.m. ☐ C. 920 u.m. ☐ D. Otra cifra.

9.11. *[ACB] Inmovilizado material al 31 de diciembre del año X4:*

☐ A. 3.240 u.m. ☐ B. 3.160 u.m. ☐ C. 2.780 u.m. ☐ D. 2.580 u.m.

9.12. *[ACB] Deuda contraída con los proveedores al 31 de diciembre del año X4:*

☐ A. 110 u.m. ☐ B. 310 u.m. ☐ C. 440 u.m. ☐ D. Otra cifra.

9.13. *[ACB] Impuesto sobre beneficios a pagar al 31 de diciembre del año X4:*

☐ A. 20 u.m. ☐ B. 90 u.m. ☐ C. 110 u.m. ☐ D. 200 u.m.

[Fin del CASO PRÁCTICO]

9.14. *Considerando la siguiente información (cifras en euros): Resultado del ejercicio, 200.000; Amortización del ejercicio, 40.000; Pérdida en venta de inmovilizado, 10.000; Incremento anual de las cuentas comerciales a cobrar, 15.000; Incremento anual de las cuentas comerciales a pagar, 10.000, y Disminución anual de los sueldos pendientes de pago, 5.000. ¿Cuál fue el efectivo neto generado por las actividades de explotación?*

☐ A. 230.000 euros. ☐ B. 240.000 euros. ☐ C. 250.000 euros. ☐ D. 280.000 euros.

9.15. *¿Cuál de las siguientes partidas no forma parte de la denominada "financiación espontánea"?*

☐ A. Sueldos devengados pendientes de pago.

☐ B. Cuentas comerciales a pagar.

☐ C. Deudas por efectos descontados.

☐ D. Impuesto sobre beneficios a pagar.

9.16. *La rotación del inventario de una empresa comercial es 5 veces y 800.000 euros el coste de la mercancía vendida. Para que dicha rotación fuese 8 veces y si se mantiene el coste de ventas, ¿qué recursos financieros se liberarían o se requerirían en la nueva situación?*

☐ A. Se liberarían recursos por un importe de 160.000 euros.

☐ B. Se requeriría una inversión adicional de 100.000 euros.

☐ C. Se requeriría una inversión adicional de 60.000 euros.

☐ D. Se liberarían recursos por un importe de 60.000 euros.

9.17. *Las ventas netas anuales ascendieron a 600.000 euros, habiéndose concertado a crédito el 90% de las mismas. Si la rotación de las cuentas comerciales a cobrar es 5 (considerando los saldos vigentes a fin de año), ¿cuál es el plazo medio de cobro de las ventas aplazadas y la deuda de los clientes al cierre del ejercicio, respectivamente? (Nota: 1 año = 365 días.)*

☐ A. 60 días y 108.000 euros.

☐ B. 73 días y 120.000 euros.

☐ C. 73 días y 108.000 euros.

☐ D. 81 días y 100.000 euros.

9.18. *¿Cuál de los siguientes productos proporciona la tasa de rentabilidad financiera?*

- ☐ A. Margen global sobre ventas × Rotación de los activos.
- ☐ B. Margen global sobre ventas × Rotación de los activos × Relación de endeudamiento.
- ☐ C. Rentabilidad económica × Apalancamiento financiero × Relación de endeudamiento.
- ☐ D. Rotación de los activos × Apalancamiento financiero × Relación de endeudamiento.

9.19. *¿Cuál de las siguientes actuaciones no permitirá mejorar el ratio de circulante?*

- ☐ A. Emitir bonos a largo plazo para financiar la compra de mercancías.
- ☐ B. Ampliar el capital social para reducir la deuda a corto plazo.
- ☐ C. Endeudarse a corto plazo para adquirir nuevos activos fijos.
- ☐ D. Enajenar activos fijos para reducir el endeudamiento a corto plazo.

9.20. *¿Cómo puede una compañía mejorar (reducir) su ratio Pasivo exigible / Activo total?*

- ☐ A. Aumentando su endeudamiento.
- ☐ B. Transformando deuda a corto plazo en deuda a largo plazo.
- ☐ C. Convirtiendo deuda a largo plazo en deuda a corto plazo.
- ☐ D. Ampliando su capital social.

9.21. *Si el apalancamiento operativo es 3,5 para un determinado nivel de ventas significa que:*

- ☐ A. Si las ventas aumentan un 3,5% el resultado aumentará un 1%.
- ☐ B. Si el resultado aumenta un 3,5% el beneficio por acción aumentará un 1%.
- ☐ C. Si el resultado aumenta un 3,5% el PER aumentará en una unidad.
- ☐ D. Si las ventas aumentan un 1% el resultado aumentará un 3,5%.

9.22. *Una pequeña empresa industrial fabrica y vende un único producto. El precio unitario de venta es 50 euros, el coste variable unitario 25 euros y los costes fijos 40.000 euros. Para conseguir un beneficio igual al 25% del importe de los costes fijos, ¿qué número de unidades debería producir y vender?*

☐ A. 400 unidades. ☐ B. 1.200 unidades. ☐ C. 1.600 unidades. ☐ D. 2.000 unidades.

9.23. *¿Cuál es el ratio de endeudamiento si el cociente Pasivo exigible / Activo total asciende a 0,6?*

☐ A. 150% ☐ B. 66,67% ☐ C. 60% ☐ D. 33,33%

9.24. *Al 31 de diciembre de 20X3 el número de acciones ordinarias en circulación de cierta sociedad era ochenta mil. Si el 1 de octubre de 20X4 la sociedad adquirió 4.000 de sus propias acciones y el resultado de este ejercicio ascendió a 400.000 euros, ¿cuál es el beneficio por acción del año 20X4?*

☐ A. 4,94 euros. ☐ B. 5,12 euros. ☐ C. 5,06 euros. ☐ D. 5,26 euros.

9.25. *Al 31 de diciembre de 20X3 y 20X4 una sociedad anónima tenía en circulación 50.000 acciones ordinarias y 4.000 acciones preferentes. El valor nominal de todas es 10 euros y los títulos preferentes tienen reconocida una retribución fija (dividendo preferente) del 10%. Si el resultado del año 20X4 fue 20.000 euros, ¿cuál es el beneficio por acción básico de dicho año?*

☐ A. 0,32 euros. ☐ B. 0,36 euros. ☐ C. 0,37 euros. ☐ D. 0,40 euros.

Prueba de evaluación n.º 10*

Elija la mejor respuesta:

10.1. *La información contable se considera fiable si es:*

- ☐ A. Objetiva y verificable.
- ☐ B. Relevante.
- ☐ C. Clara y significativa.
- ☐ D. Completa y comparable.

10.2. *Una compañía aérea debería reconocer el ingreso cuando...*

- ☐ A. Cobra el importe de los billetes vendidos.
- ☐ B. El pasajero paga con tarjeta de crédito.
- ☐ C. Se confirma el vuelo.
- ☐ D. El billete ha sido utilizado por el pasajero.

10.3. *En períodos inflacionistas, la utilización del método FIFO para valorar el inventario de mercaderías (en lugar de otros métodos alternativos como el LIFO o el coste medio ponderado) proporciona:*

- ☐ A. Un coste de ventas superior.
- ☐ B. Una cifra de ventas netas superior.
- ☐ C. Una valoración inferior de las existencias finales.
- ☐ D. Una cifra de resultados superior.

10.4. *¿Cuál de los siguientes estados contables no cubre un período de tiempo?*

- ☐ A. Balance de situación.
- ☐ B. Cuenta de pérdidas y ganancias.
- ☐ C. Estado de cambios en el patrimonio neto.
- ☐ D. Estado de flujos de efectivo.

10.5. *¿Qué principio contable justifica reconocer (registrar) como gasto del ejercicio el coste de una papelera que, previsiblemente, se utilizará varios años?*

- ☐ A. Correlación de ingresos y gastos.
- ☐ B. Importancia relativa.
- ☐ C. Devengo.
- ☐ D. No compensación.

---

* Examen propuesto en la UNED. Convocatoria: Septiembre 2005.

10.6. *Cierta sociedad adquirió todos los activos de otra por los siguientes importes: Edificio, 50.000 euros; Vehículos, 20.000 euros, y Mercaderías, 40.000 euros. Si la sociedad adquirida no tenía deudas y se pagaron por ella 140.000 euros significa que:*

- ☐ A. Se pagó un fondo de comercio de 40.000 euros.
- ☐ B. El valor de mercado del edificio superaba los 100.000 euros.
- ☐ C. Se pagó un fondo de comercio de 30.000 euros.
- ☐ D. Al determinar el precio debió de producirse un lamentable error aritmético.

CASO PRÁCTICO OLD

Enunciado

El 2 de mayo de 20X3, la empresa constructora OLD, S.A. firmó un contrato con un cliente comprometiéndose a construir un edificio de oficinas al precio de 5.000.000 de euros. Datos de esta obra relativos a los años 20X3 y 20X4 (todas las cifras se expresan en euros):

	20X3	20X4
Costes incurridos durante el año	400.000	2.200.000
Costes pendientes estimados, al final del año . . .	3.600.000	2.600.000

❍ SE PIDE:

Conteste las cuatro preguntas que se plantean seguidamente.

10.7. *[OLD] Si se utiliza el método del contrato cumplido, ¿qué resultado se reconocerá en el año 20X3?*

- ☐ A. Ninguno.
- ☐ B. Un beneficio de 100.000 euros.
- ☐ C. Una pérdida de 40.000 euros.
- ☐ D. Un beneficio de 140.000 euros.

10.8. *[OLD] Si se utiliza el método del contrato cumplido, ¿qué resultado se reconocerá en el año 20X4?*

- ☐ A. Ninguno.
- ☐ B. Un beneficio de 100.000 euros.
- ☐ C. Un beneficio de 10.000 euros.
- ☐ D. Una pérdida de 200.000 euros.

10.9. *[OLD] Si se utiliza el método del grado de avance o porcentaje de terminación, ¿qué resultado se reconocerá en el año 20X3?*

- ☐ A. Ninguno.
- ☐ B. Un beneficio de 100.000 euros.
- ☐ C. Un beneficio de 10.000 euros.
- ☐ D. Una pérdida de 20.000 euros.

10.10. *[OLD] Si se utiliza el método del grado de avance o porcentaje de terminación, ¿qué resultado se reconocerá en el año 20X4?*

- ☐ A. Un beneficio de 100.000 euros.
- ☐ B. Una pérdida de 200.000 euros.
- ☐ C. Una pérdida de 300.000 euros.
- ☐ D. Un beneficio de 200.000 euros.

[Fin del CASO PRÁCTICO]

10.11. *Calcule la cifra correcta de resultados si el examen de las cuentas anuales presentadas por cierta sociedad, para el año que termina el 31 de diciembre de 20X5, proporcionó la siguiente información:*

a) El resultado líquido del ejercicio, antes de considerar los ajustes derivados de los datos que se aportan a continuación, ascendió a 42.000 euros.

b) El 1 de noviembre la sociedad había pagado 6.000 euros por el alquiler de un local comercial correspondiente a los meses de noviembre, diciembre y enero, comprobándose que la totalidad de dicho importe se imputó como gasto del año 20X5.

c) A lo largo del año 20X5, la sociedad cobró 5.000 euros de un cliente a cuenta de un pedido que, previsiblemente, se entregará y facturará en enero de 20X6. Esta suma se abonó en la cuenta "Ventas de mercaderías" y no fue objeto de ningún ajuste posterior.

d) El 1 de septiembre de 20X5 la sociedad había obtenido un préstamo de 30.000 euros al 10% de interés anual, verificándose que no se había contabilizado el interés devengado por dicho préstamo hasta la fecha de cierre del ejercicio contable (el 31 de diciembre).

☐ A. 34.000 euros. ☐ B. 38.000 euros. ☐ C. 40.000 euros. ☐ D. 44.000 euros.

CASO PRÁCTICO FICUS

Enunciado

Información financiera obtenida de los registros contables de FICUS, S.A. del año 20X5 (cifras en euros):

Compra de mobiliario nuevo pagado al contado	8.000
Préstamo obtenido e ingresado en la cuenta corriente bancaria de la sociedad	100.000
Amortización de préstamos (la cifra incluye 4.000 euros de intereses)	44.000
Importe cobrado por la venta de un vehículo	5.000
Cobrado de los clientes	320.000
Compra de acciones de otra sociedad como inversión financiera a largo plazo	20.000
Cobrado de los accionistas por acciones nuevas emitidas durante el ejercicio	200.000

❍ SE PIDE:

Conteste las dos preguntas que se formulan a continuación.

10.12. *[FICUS] En el Estado de flujos de efectivo del año 20X5, ¿qué cifra figurará en concepto de efectivo generado por actividades de financiación?*

☐ A. 60.000 euros. ☐ B. 256.000 euros. ☐ C. 260.000 euros. ☐ D. 265.000 euros.

10.13. *[FICUS] En el Estado de flujos de efectivo del año 20X5, ¿qué cifra figurará en concepto de efectivo aplicado en actividades de inversión?*

☐ A. 23.000 euros. ☐ B. 27.000 euros. ☐ C. 28.000 euros. ☐ D. 32.000 euros.

[Fin del CASO PRÁCTICO]

10.14. *Calcule el efectivo generado por las actividades de explotación, durante el año 20X5, si se conoce la siguiente información financiera proporcionada por los registros contables de cierta sociedad correspondientes a aquel ejercicio económico (cifras en euros):*

Resultado líquido anual	*14.000*
Amortización de patentes y marcas	*100*
Dividendos pagados	*1.400*
Disminución de las cuentas por cobrar (Clientes y efectos comerciales a cobrar)	*900*
Disminución de los sueldos pendientes de pago	*100*
Amortización del inmovilizado material	*2.000*
Aumento del endeudamiento bancario a largo plazo	*1.300*
Cobrado por la venta de autocartera	*1.700*

☐ A. 15.100 euros. ☐ B. 16.900 euros. ☐ C. 17.100 euros. ☐ D. 18.200 euros.

10.15. *Si a lo largo del ejercicio la tesorería disminuye en 8.000 euros, el inventario de mercaderías aumenta en 5.000 euros y el endeudamiento comercial se incrementa en 12.000 euros, ¿qué variación experimenta el capital circulante?*

☐ A. Una disminución de 15.000 euros.

☐ B. Un aumento de 9.000 euros.

☐ C. Una disminución de 8.000 euros.

☐ D. Un aumento de 7.000 euros.

10.16. *La rotación del inventario de mercancías será 6 veces si:*

☐ A. Las ventas ascienden a 120.000 euros y las existencias medias a 20.000 euros.

☐ B. Las compras ascienden a 240.000 euros y las existencias medias a 40.000 euros.

☐ C. El coste de la mercancía vendida asciende a 180.000 euros y las existencias medias a 30.000 euros.

☐ D. Las compras netas son 90.000 euros y las existencias finales 15.000 euros.

10.17. *Si el ratio de circulante de una empresa comercial es 2, ¿cuál de las siguientes transacciones producirá una disminución de aquel ratio?*

- ☐ A. La venta al contado de un local comercial.
- ☐ B. Una compra de mercancía pagadera a 30, 60 y 90 días.
- ☐ C. El ingreso de efectivo en la cuenta corriente bancaria.
- ☐ D. La ampliación del capital social mediante emisión de nuevas acciones que se desembolsan en efectivo.

10.18. *En el numerador de la prueba del ácido se excluyen:*

- ☐ A. Los inventarios de existencias.
- ☐ B. Las inversiones financieras a corto plazo de gran liquidez.
- ☐ C. Los gastos anticipados.
- ☐ D. Dos de las partidas anteriores.

CASO PRÁCTICO DUE

Enunciado

DUE, S.A. comenzó el año 20X5 con un inventario de mercancía valorado en 400.000 euros y, al final del año, dicho inventario ascendía a 500.000 euros. Asimismo, al 1 de enero de 20X5, las cuentas por cobrar de clientes ascendían a 250.000 euros y las cuentas por pagar a proveedores a 375.000 euros. Durante el ejercicio, la sociedad vende los artículos que comercializa con un margen del 25% sobre el precio de venta, la rotación del almacén de mercancías es 2 y la rotación de las cuentas por cobrar es 4.

- SE PIDE:

  Conteste las dos preguntas que se formulan seguidamente.

10.19. *[DUE] En el año 20X5 la cifra de ventas fue:*

☐ A. 720.000 euros. ☐ B. 1.066.667 euros. ☐ C. 1.125.000 euros. ☐ D. 1.200.000 euros.

10.20. *[DUE] Suponiendo que todas las ventas se concertasen a crédito, el saldo de las cuentas por cobrar al 31 de diciembre de 20X5 ascendería a:*

☐ A. 100.000 euros. ☐ B. 110.000 euros. ☐ C. 350.000 euros. ☐ D. 475.000 euros.

[Fin del CASO PRÁCTICO]

CASO PRÁCTICO NEW

Enunciado

Las cuentas anuales de NEW, S.A. proporcionan las siguiente información:

BALANCES DE SITUACIÓN	31-12-20X5	31-12-20X4
ACTIVO		
Inmovilizado material neto	230.000	210.000
Existencias de mercaderías	190.000	155.000
Clientes y efectos comerciales a cobrar	100.000	110.000
Tesorería	20.000	25.000
Total Activo	540.000	500.000
PASIVO		
Fondos propios	300.000	260.000
Acreedores a largo plazo	40.000	50.000
Acreedores a corto plazo	200.000	190.000
Total Pasivo	540.000	500.000

CUENTA DE PÉRDIDAS Y GANANCIAS (extracto)	Año 20X5
Gastos financieros	10.000
Impuesto sobre beneficios	20.000
Resultado del ejercicio	40.000

❍ SE PIDE:

Calcule los ratios que seguidamente se solicitan. (*Nota:* Recuerde que debe elegir la mejor respuesta.)

10.21. *[NEW] Prueba ácida al 31-12-20X5:*

☐ A. $\frac{(310.000 + 290.000) / 2}{(200.000 + 190.000) / 2} = 1,54$

☐ B. $\frac{(120.000 + 135.000) / 2}{(200.000 + 190.000) / 2} = 0,65$

☐ C. $\frac{100.000 + 20.000}{200.000} = 0,60$

☐ D. $\frac{540.000 - 190.000}{200.000} = 1,75$

10.22. *[NEW] Ratio de endeudamiento al 31-12-20X5:*

☐ A. 13,33% ☐ B. 44,44% ☐ C. 66,66% ☐ D. 80%

10.23. *[NEW] Ratio de cobertura de los gastos financieros:*

☐ A. 4 veces. ☐ B. 5 veces. ☐ C. 6 veces. ☐ D. 7 veces.

[Fin del CASO PRÁCTICO]

10.24. *¿Cuál de los siguientes ratios es mejor indicador del grado de dependencia de la financiación ajena?*

☐ A. Cobertura de gastos financieros.

☐ B. Endeudamiento.

☐ C. Rentabilidad financiera.

☐ D. Circulante.

10.25. *¿Cuál de los siguientes ratios utiliza otro ratio en su denominador?*

☐ A. Cobertura de gastos financieros.

☐ B. Endeudamiento.

☐ C. Beneficio por acción.

☐ D. PER.

Prueba de evaluación n.º 11*

Prueba de desarrollo:

11.1. ***Comente la siguiente frase atribuida a Luca Pacioli (1445-1517), eminente matemático, considerado "el padre" de la Contabilidad moderna: «Las cuentas del Pasivo son toneles vacíos que han servido para llenar los toneles del Activo».*** *(1 punto)*

11.2. ***Fortalezas y debilidades del coste histórico.*** *(1,5 puntos)*

11.3. ***Indique el efecto que producirá cada una de las operaciones descritas sobre el valor de los ratios que se indican ("Aumenta", "Disminuye" o "No afecta"). Suponga que el valor de dichos ratios antes de cada una de las operaciones era mayor que la unidad.*** *(1,5 puntos)*

	Operación	Ratio de endeudamiento (F. Ajenos / F. Propios)	Ratio de circulante
Ej.	Obtención de un préstamo bancario a corto plazo	AUMENTA	DISMINUYE
1.	Se paga por anticipado una póliza de seguros que cubre un período de 18 meses		
2.	Se vende al contado un terreno con pérdida		
3.	Se compran mercancías a pagar a 90 días		
4.	Se dan de baja créditos fallidos que estaban provisionados en su totalidad		
5.	Se acuerda distribuir un dividendo activo a cuenta, que se pagará a los 30 días		
6.	Se venden mercancías al contado con beneficio		

11.4. ***Cálculo de las magnitudes "Recursos procedentes de las operaciones" y "Flujo neto de efectivo por actividades de explotación".*** *(2 puntos)*

De las cuentas anuales formuladas por RVO, S.A. (Reparación y Venta de Ordenadores, S.A.) se le proporciona a usted la siguiente información (cifras en euros):

Balances de Situación resumidos al 31 de diciembre de 20X5 y 20X4					
ACTIVO	20X5	20X4	PASIVO	20X5	20X4
Terrenos	130.000	20.000	Capital social	70.000	50.000
Maquinaria y equipos	187.000	50.000	Accionistas por desembolsos no exigidos	(10.000)	—
Amortización acumulada	(14.000)	(6.000)	Reservas	19.000	15.000
Clientes y efectos a cobrar	20.000	30.000	Resultado del ejercicio	145.000	33.000
Mercaderías	15.000	10.000	Préstamo bancario a largo plazo	130.000	20.000
Gastos anticipados	5.000	1.000	Proveedores y efectos a pagar	28.000	12.000
Efectivo y partidas equivalentes	45.000	33.000	Impuesto sobre beneficios a pagar	6.000	8.000
Total Activo	388.000	138.000	Total Pasivo	388.000	138.000

* Examen propuesto en la UNED. Convocatoria: Junio 2006, primera semana.

Además de la información que se deduce de los balances anteriores, se sabe que durante el año 20X5 esta sociedad:

a) En los primeros días de enero vendió al contado por 4.000 euros un viejo equipo, utilizado en el taller de reparaciones, cuyo valor en libros era de 7.000 euros (coste: 8.000 euros; amortización acumulada: 1.000 euros).

b) Compró maquinaria nueva al contado cuyo coste fue de 145.000 euros.

c) Se acordaron y pagaron dividendos por 29.000 euros.

d) Se hizo una ampliación del capital social, que fue suscrita en su totalidad, mediante la emisión de 2 acciones nuevas por cada 5 antiguas a la par.

❍ *SE PIDE:*

Calcule las magnitudes "Recursos procedentes de las operaciones" y "'Flujo neto de efectivo generado por las actividades de explotación", correspondientes a 20X5, indicando los cálculos realizados.

11.5. *Análisis comparativo de estados financieros.* *(4 puntos)*

SyH, S.A. (Software y Hardware, S.A.) presentó los siguientes estados financieros resumidos, referidos a las fechas y períodos que se indican:

BALANCES DE SITUACIÓN	31-12-20X5	31-12-20X4
ACTIVO		
Inmovilizado material (neto)	148.890	147.990
Inventario de mercaderías	54.450	63.030
Cuentas comerciales por cobrar (neto)	62.480	58.060
Gastos anticipados	21.140	18.130
Efectivo y otros medios líquidos equivalentes	54.690	34.670
Total Activo	341.650	321.880
PASIVO		
Fondos propios	182.190	171.210
Acreedores a largo plazo	63.500	65.000
Pasivo circulante	95.960	85.670
Total Pasivo	341.650	321.880

ESTADOS DE RESULTADOS	Año 20X5	Año 20X4
Ventas de mercaderías	475.150	468.210
Coste de ventas	127.340	122.640
Gastos de administración y venta	313.360	294.760
Gastos financieros	1.760	2.670
Resultado antes de impuestos	32.690	48.140
Impuesto sobre beneficios	11.440	17.400
Resultado del ejercicio	21.250	30.740

Calculando en cada caso el indicador o indicadores que estime oportuno, conteste las preguntas que se formulan seguidamente:

a) *¿Ha mejorado la rotación del almacén? (Considere que el inventario de mercaderías al 31-12-20X3 ascendía a 54.630 euros.)*

b) *¿Cómo ha evolucionado la liquidez?*

c) *¿Cómo ha evolucionado la rentabilidad de la sociedad para sus accionistas? (Los fondos propios al 31-12-20X3 ascendían a 152.030 euros.)*

d) *Calcule los ratios de rentabilidad de los activos, sus componentes (margen y rotación) y comente brevemente los resultados obtenidos. (El activo total al 31-12-20X3 ascendía a 304.330 euros.)*

Prueba de evaluación n.º 12*

Elija la mejor respuesta:

12.1. *La verificabilidad de la información contable es una característica cualitativa directamente asociada a:*

	Fiabilidad	Relevancia
☐ A.	Sí	Sí
☐ B.	Sí	No
☐ C.	No	Sí
☐ D.	No	No

12.2. *Estando vigente la hipótesis o principio de empresa en funcionamiento, el criterio del valor neto realizable se compara con el coste histórico a la hora de valorar:*

☐ A. Los activos de uso.

☐ B. Los activos de cambio.

☐ C. La cartera de control (participaciones en capital calificadas como inmovilizado financiero).

☐ D. Cualquier activo que se haya depreciado con respecto a su valor de mercado estimado.

12.3. *La normativa contable española no permite utilizar el criterio del valor razonable para valorar:*

☐ A. Los títulos que forman parte de la cartera de negociación.

☐ B. Los instrumentos financieros disponibles para la venta.

☐ C. Las participaciones en partes vinculadas (empresas del grupo, asociadas y otras).

☐ D. Los instrumentos financieros derivados.

12.4. *¿Cuál o cuáles de las siguientes transacciones originan el reconocimiento de un gasto?*

☐ A. La recepción de una factura de la compañía eléctrica que se pagará el próximo mes.

☐ B. El pago de la deuda contraída y ya reconocida con una compañía telefónica.

☐ C. El pago de la factura presentada por el taller donde se reparan los vehículos de la empresa.

☐ D. Las descritas en las respuestas A y C.

12.5. *Si al regularizar y cerrar el ejercicio no se periodifican las primas de seguros pagadas por anticipado y capitalizadas, ¿qué efecto, entre otros, origina dicha omisión?*

☐ A. Una infravaloración de los gastos del ejercicio.

☐ B. Una sobrevaloración de los ingresos del ejercicio.

☐ C. Una infravaloración del activo.

☐ D. Una infravaloración del resultado.

---

* Examen propuesto en la UNED. Convocatoria: Junio 2006, segunda semana.

12.6. *La empresa "J" utiliza el método lineal para amortizar sus activos fijos depreciables y la empresa "K" aplica un método acelerado. Si todo lo demás es igual para ambas, en los primeros años la empresa "J" presentará:*

- ☐ A. Un resultado y una cifra de activo total más bajos.
- ☐ B. Un resultado más bajo y una cifra de activo total más alta.
- ☐ C. Un resultado más alto y una cifra de activo total más baja.
- ☐ D. Un resultado y una cifra de activo total más altos.

12.7. *Cierta empresa utiliza el método lineal para calcular la amortización. Si el coste histórico de sus activos fijos depreciables fue 800.000 euros, la amortización acumulada asciende a 450.000 euros y la dotación anual por amortizaciones a 50.000 euros, ¿cuál es la vida útil media estimada para aquellos activos?*

☐ A. 7 años. ☐ B. 9 años. C. 15 años. D. 16 años.

12.8. *El 1 de enero de 20X5 una empresa constructora firmó un contrato con el Ayuntamiento de una gran ciudad para construir un túnel y soterrar una ruidosa vía de circunvalación. Se prevé concluir la obra contratada en 20X6 con un coste total de 20.000.000 de euros y el precio convenido asciende a 24.000.000 de euros. Si los costes incurridos en 20X5 fueron 4.000.000 de euros y el presupuesto inicial no se modificó, ¿qué resultado deberá reconocerse en la cuenta de resultados de 20X5 si se aplica el método del porcentaje de terminación?*

☐ A. 800.000 euros. ☐ B. 1.000.000 euros. ☐ C. 2.000.000 euros. ☐ D. 4.000.000 euros.

12.9. *APC, S.A. es una empresa de ventas a plazos por catálogo. Datos referidos a su primer año de actividad: Compras de mercaderías, 800.000 euros; Ventas de mercaderías, 1.000.000 euros; Inventario final de mercaderías, 350.000 euros, y Cobros por ventas, 500.000 euros. Si la empresa reconoce el beneficio en proporción al importe de las ventas cobrado, ¿qué beneficio reconocerá en aquel ejercicio?*

☐ A. 100.000 euros. ☐ B. 200.000 euros. ☐ C. 225.000 euros. ☐ D. 275.000 euros.

12.10. *Considerando la siguiente información financiera de una sociedad referida al último ejercicio cerrado:*

Trimestre	*Compras en unidades*	*Coste unitario*	*Compras en euros*
1.º	*200*	*22*	*4.400*
2.º	*300*	*24*	*7.200*
3.º	*300*	*26*	*7.800*
4.º	*200*	*28*	*5.600*
Totales	*1.000*		*25.000*

Valore las existencias por los métodos FIFO y LIFO teniendo en cuenta, además, que:

— *El inventario inicial estaba formado por 400 unidades adquiridas a un coste unitario de 20 euros.*

— *A lo largo del año se vendieron 800 unidades.*
— *El inventario final se compone de 600 unidades.*

	FIFO	LIFO
☐ A.	14.200 euros	12.400 euros
☐ B.	15.800 euros	12.400 euros
☐ C.	15.800 euros	14.200 euros
☐ D.	14.200 euros	15.800 euros

12.**11.** *¿En qué sección del Estado de flujos de efectivo figuran los cobros y pagos por intereses?*

	Intereses cobrados	Intereses pagados
☐ A.	Actividades de explotación	Actividades de explotación
☐ B.	Actividades de explotación	Actividades de inversión
☐ C.	Actividades de inversión	Actividades de explotación
☐ D.	Actividades de inversión	Actividades de inversión

12.**12.** *Los balances de situación de cierta sociedad, referidos al 31 de diciembre de los años que se indican, proporcionan la siguiente información:*

	20X5	***20X4***
Obligaciones y bonos en circulación	*1.500.000*	*1.410.000*

Si durante el año 20X5 se emitieron nuevos títulos por 600.000 euros, ¿qué importe ha de figurar dentro de la sección "Flujos por actividades de financiación", del Estado de flujos de efectivo, en concepto de pagos o salidas de tesorería por reembolso de obligaciones y bonos? (Nota: Todos los títulos se emiten y se amortizan a la par.)

☐ A. 90.000 euros. ☐ B. 510.000 euros. ☐ C. 600.000 euros. ☐ D. 690.000 euros.

12.**13.** *Un analista reunió la siguiente información de una sociedad referida al último ejercicio cerrado (cifras en euros):*

Cobrado por venta de maquinaria	*75.000*
Cobrado de clientes	*150.000*
Pagado al banco por intereses	*20.000*
Pagado a los proveedores	*40.000*
Pagos a los empleados por salarios	*60.000*
Gastos de amortización	*10.000*
Pagado por la compra de un terreno	*30.000*
Resultado del ejercicio	*90.000*

¿Cuál fue el flujo neto de efectivo generado por las actividades de explotación?

☐ A. 20.000 euros. ☐ B. 30.000 euros. ☐ C. 50.000 euros. ☐ D. 75.000 euros.

12.14. *Calcule el flujo neto de efectivo generado por las actividades de explotación si se conocen los siguientes datos obtenidos de las cuentas anuales:*

Resultado del ejercicio (pérdida)	*25.000*
Amortización del inmovilizado material	*30.000*
Disminución de las cuentas por cobrar de clientes	*10.000*
Incremento del inventario de existencias comerciales	*11.500*
Incremento de las remuneraciones pendientes de pago	*2.500*
Amortización del inmovilizado inmaterial	*2.500*

☐ A. 6.500 euros. ☐ B. 8.500 euros. ☐ C. 41.000 euros. ☐ D. – 24.000 euros.

12.15. *¿En qué documento deben presentar determinadas sociedades mercantiles «(...) un análisis equilibrado y exhaustivo de la evolución y los resultados de los negocios, que incluirá tanto indicadores clave de resultados financieros como, cuando proceda, no financieros (...)»?*

☐ A. La Memoria.

☐ B. El Informe de gestión.

☐ C. La Memoria y el Informe de gestión.

☐ D. La Memoria o el Informe de gestión.

12.16. *¿En qué porcentaje aumentó el resultado de 20X5 respecto al conseguido en 20X4?*

	20X5	20X4
Ingresos del ejercicio	*130.000*	*100.000*
Gastos del ejercicio	*110.000*	*90.000*
Resultado del ejercicio	*20.000*	*10.000*

☐ A. 30% ☐ B. 50% ☐ C. 100% ☐ D. 200%

12.17. *La rotación del inventario de mercaderías en el año 20X5 fue (elija la mejor respuesta):*

	20X5	20X4
Existencias iniciales (1 de enero)	*?*	*106.100*
Compras de mercaderías	*302.000*	*259.500*
Existencias finales (31 de diciembre)	*99.600*	*88.400*

☐ A. $\frac{302.000}{88.400} \cong 3{,}42$ veces

☐ B. $\frac{302.000 - 99.600}{(99.600 + 88.400) / 2} \cong 2{,}15$ veces

☐ C. $\frac{302.000 - 99.600 + 88.400}{(99.600 + 88.400) / 2} \cong 3{,}09$ veces

☐ D. $\frac{302.000 - 99.600}{(99.600 + 88.400 + 99.600) / 3} \cong 2{,}06$ veces

12.18. *Si en un momento en que el valor del ratio de circulante es 2 se cancela anticipadamente un préstamo bancario a corto plazo, ¿cómo afectará esta operación a los dos ratios que se indican?*

	Ratio de circulante	Ratio de rotación del activo
☐ A.	Aumenta	Aumenta
☐ B.	Aumenta	Disminuye
☐ C.	Disminuye	Aumenta
☐ D.	Disminuye	Disminuye

12.19. *Si el alquiler con opción a compra de un vehículo (60 cuotas mensuales más la opción de compra) se trata contablemente como una operación de arrendamiento financiero, en lugar de tratarlo como un simple alquiler o arrendamiento operativo, ¿cuál será el efecto de tal operación sobre los dos ratios que se indican? (Nota: Antes de producirse esta operación el activo circulante superaba al pasivo circulante.)*

	Ratio de circulante	Ratio de endeudamiento
☐ A.	Aumenta	Aumenta
☐ B.	Aumenta	Disminuye
☐ C.	Disminuye	Aumenta
☐ D.	Disminuye	Disminuye

12.20. *Si la cifra de ventas de una empresa que no tiene costes fijos se incrementa en un 20%, el resultado de dicha empresa:*

- ☐ A. Prácticamente no experimentará variación.
- ☐ B. Aumentará en un 20% aproximadamente.
- ☐ C. Aumentará en un 400% aproximadamente.
- ☐ D. Experimentará un crecimiento exponencial.

12.21. *Si los PER de las sociedades "X" e "Y" son 25 y 20, respectivamente, ¿cuál de las siguientes afirmaciones es cierta?*

- ☐ A. La cifra de resultados de "X" es mayor que la conseguida por "Y".
- ☐ B. El valor bursátil o valor de capitalización de "X" es mayor que el de "Y".
- ☐ C. Si la cotización de las acciones de ambas sociedades es igual, el BPA de "X" es mayor que el de "Y".
- ☐ D. Si la cotización de las acciones de ambas sociedades es igual, el BPA de "Y" es mayor que el de "X".

12.22. *PAMEDSA (Paellas del Mediterráneo, S.A.) elabora y distribuye un único plato de comida típica mediterránea. Sus ventas alcanzan una media de 1.500 platos por día, durante los 30 días de cada mes, y los costes fijos mensuales son:*

Maquinaria e instalaciones industriales	*135.000 euros*
Equipos de reparto	*90.000 euros*
Gastos generales y de administración	*81.000 euros*

La empresa soporta además unos costes financieros que ascienden a 18.000 euros mensuales e incurre en unos costes variables de 8 euros por la elaboración de cada plato y 75 céntimos de euro por su reparto. Si el precio de venta unitario es 16,75 euros, ¿qué número de platos han de venderse para alcanzar el punto muerto o umbral de rentabilidad?

☐ A. 28.125 platos. ☐ B. 38.250 platos. ☐ C. 40.500 platos. ☐ D. 45.000 platos.

12.23. *Disponemos de la siguiente información financiera de cierta sociedad anónima referida al ejercicio terminado el pasado 31 de diciembre:*

— *El resultado neto anual fue de 10,5 millones de euros.*

— *Durante el año se acordaron y pagaron, en concepto de dividendo a cuenta, 2 millones de euros a las acciones sin voto y 3,5 millones de euros a las acciones ordinarias.*

— *Al comienzo del ejercicio anual (el día 1 de enero) las acciones ordinarias en circulación eran 20 millones de títulos y el 1 de abril se pusieron en circulación 6 millones de acciones ordinarias nuevas.*

— *El beneficio por acción básico de dicho ejercicio fue (cifras redondeadas al segundo decimal):*

☐ A. 0,35 euros. ☐ B. 0,37 euros. ☐ C. 0,43 euros. ☐ D. 0,46 euros.

12.24. *Los fondos propios de cierta sociedad, en las tres fechas que se indican, eran:*

1 de enero de 20X4	*375.600*
1 de enero de 20X5	*493.900*
31 de diciembre de 20X5	*526.800*

Si las cifras de resultados de los años 20X4 y 20X5 fueron 38.600 euros y 47.500 euros, respectivamente, ¿cuál fue el valor del ratio de rentabilidad financiera de 20X5? (Elija la mejor respuesta.)

☐ A. $\frac{47.500}{493.900} \times 100 \cong 9{,}62\%$

☐ B. $\frac{47.500}{(493.900 + 526.800) / 2} \times 100 \cong 9{,}31\%$

☐ C. $\frac{47.500}{526.800} \times 100 \cong 9{,}02\%$

☐ D. $\frac{(38.600 + 47.500) / 2}{(375.600 + 493.900 + 526.800) / 3} \times 100 \cong 9{,}37\%$

12.25. *Si el PER de una acción es 25, ¿cuál es su rentabilidad?*

☐ A. 2,5% ☐ B. 4% ☐ C. 5% ☐ D. 12,5%

Prueba de evaluación n.º 13*

Elija la mejor respuesta:

13.1. *Para que las normas aprobadas por el International Accounting Standards Board (IASB) sean de aplicación obligatoria en los Estados miembros de la Unión Europea:*

- ☐ A. Han de ser ratificadas por la Comisión y por el Parlamento de la Unión Europea.
- ☐ B. No pueden ser contradictorias con las normativas nacionales.
- ☐ C. Deben publicarse en el Diario Oficial de la Unión Europea (DOUE).
- ☐ D. Han de cumplirse los tres requisitos anteriores, entre otros.

13.2. *Las hipótesis básicas del modelo contable de información financiera, según los marcos conceptuales del IASB y de la AECA, son:*

- ☐ A. Empresa en funcionamiento y devengo.
- ☐ B. Devengo y valor razonable.
- ☐ C. Precio de adquisición y correlación de ingresos y gastos.
- ☐ D. Empresa en funcionamiento y precio de adquisición.

13.3. *Las definiciones del elemento "ingresos" recogidas en los marcos conceptuales del IASB y de la AECA, ¿omiten alguno de los siguientes requisitos?*

- ☐ A. Que incrementen el patrimonio neto.
- ☐ B. Que sean resultado de una transacción con terceros.
- ☐ C. Que su valoración sea fiable.
- ☐ D. No; las definiciones citadas contemplan los tres requisitos anteriores, entre otros.

13.4. *¿En qué momento podría determinarse, con total exactitud, el resultado conseguido por una sociedad mercantil?*

- ☐ A. Al final de cada mes.
- ☐ B. Al final de cada año, una vez ajustados los saldos de todas las cuentas.
- ☐ C. Al final de cada ciclo de explotación.
- ☐ D. Cuando la sociedad se liquida.

13.5. *Si las existencias finales de una empresa comercial se infravaloraron en 40.000 euros, ¿cuál fue el efecto de este error sobre las dos magnitudes que se indican?*

	Coste de ventas	Resultado del ejercicio
☐ A.	Infravalorado	Infravalorado
☐ B.	Infravalorado	Sobrevalorado
☐ C.	Sobrevalorado	Infravalorado
☐ D.	Sobrevalorado	Sobrevalorado

* Examen propuesto en la UNED. Convocatoria: Septiembre 2006.

13.6. *Acebo, S.A. presenta la siguiente información antes de ajustes, relativa a su inventario de mercancías, al término del último ejercicio contable:*

Artículos	Cantidad	Coste unitario	Valor de mercado unitario
J	60	12 euros	10 euros
K	30	20 euros	18 euros
L	45	30 euros	28 euros
M	20	16 euros	19 euros

Si esta sociedad aplica la regla "coste o mercado, el más bajo", ¿por qué importe, en su caso, habrá de ajustar el valor de su inventario?

☐ A. 210 euros. ☐ B. 270 euros. ☐ C. 2.780 euros. ☐ D. No procede ajuste.

13.7. *En el Estado de flujos de efectivo (método indirecto), la amortización es tratada como un ajuste al resultado del ejercicio debido a que:*

☐ A. Es una entrada de tesorería que se reserva para cuando llegue el momento de renovar el activo depreciado.

☐ B. Reduce el resultado del ejercicio pero no acarrea una salida de efectivo.

☐ C. Reduce el resultado del ejercicio e incrementa la tesorería.

☐ D. Normalmente supone un porcentaje elevado de los gastos de explotación.

13.8. *Considere la siguiente información referida a la empresa Arce, S.A. y calcule el resultado del año actual:*

Cobrado por ventas del año anterior	*10.000*
Cobrado por ventas del año actual	*90.000*
Cobrado a cuenta de ventas que se efectuarán el año próximo	*8.000*
Precio neto de venta de los bienes y servicios vendidos en el año actual	*100.000*
Pagado por gastos correspondientes al año anterior	*12.000*
Pagado por gastos incurridos en el año actual	*84.000*
Pagado por gastos anticipados	*5.000*
Coste de los bienes y servicios vendidos en el año actual	*70.000*
Otros gastos de explotación devengados en el año actual	*16.000*

☐ A. 4.000 euros. ☐ B. 7.000 euros. ☐ C. 14.000 euros. ☐ D. 30.000 euros.

13.9. *Utilizando la información proporcionada en la pregunta anterior, calcule el efectivo generado por Arce, S.A. en el año actual:*

☐ A. 4.000 euros. ☐ B. 7.000 euros. ☐ C. 14.000 euros. ☐ D. 30.000 euros.

13.10. *Calcule el flujo neto de efectivo derivado de las actividades de explotación considerando estos datos:*

Resultado del ejercicio (pérdida)	*2.000*
Gastos de amortización	*2.600*
Disminución de los saldos de clientes	*4.250*
Disminución del inventario de mercaderías	*5.750*
Aumento de los saldos de proveedores	*3.400*

☐ A. – 6.000 euros. ☐ B. + 8.800 euros. ☐ C. + 14.000 euros. ☐ D. + 18.000 euros.

13.11. *¿Quién paga el coste de las auditorías de las cuentas anuales que formulan las grandes sociedades mercantiles?*

☐ A. El ICAC, cuando la auditoría es obligatoria.

☐ B. La CNMV, si la sociedad auditada cotiza en Bolsa.

☐ C. Los acreedores financieros de la sociedad auditada.

☐ D. La sociedad auditada.

13.12. *El auditor descubrió que los fondos propios de la sociedad auditada estaban infravalorados y el endeudamiento sobrevalorado. ¿Cuál de los siguientes errores u omisiones pudo ser la causa?*

☐ A. Se anotó dos veces el gasto por amortizaciones.

☐ B. Se cometió un error al calcular los intereses devengados por un préstamo bancario, que en la fecha de cierre estaban pendientes de pago.

☐ C. No se reconocieron como ingreso del ejercicio el importe de servicios ya prestados, que en la fecha de cierre estaban pendientes de facturar y cobrar.

☐ D. No se ajustó la cuenta Alquileres pagados por anticipado.

13.13. *Los estados financieros proporcionales o de tamaño común:*

☐ A. Muestran las cifras, en valor absoluto, de diferentes años de una misma compañía.

☐ B. Muestran las cifras, en valor absoluto, de diferentes compañías referidas a un mismo año.

☐ C. Vienen expresados en la misma moneda (por ejemplo, en euros).

☐ D. Muestran todas las partidas en términos porcentuales.

13.14. *¿Qué actuación, aisladamente considerada, permitirá acortar la duración del ciclo de explotación de una empresa comercial?*

☐ A. Aumentar el inventario de existencias comerciales.

☐ B. Reducir el porcentaje de ventas a crédito.

☐ C. Reducir el plazo medio de pago a los proveedores.

☐ D. Disminuir la rotación del inventario.

13.15. *Si el resultado de cierta sociedad fue 400.000 euros en el año X4 y 160.000 en el año X5, ¿en qué porcentaje debe crecer dicha magnitud en el año X6, respecto al año X5, para alcanzar la cifra de resultados obtenida en el año X4?*

☐ A. 60% ☐ B. 150% ☐ C. 250% ☐ D. 350%

13.16. *Analice los siguientes datos obtenidos de las cuentas anuales de cierta sociedad, formuladas al término de los tres años consecutivos que se indican, y señale la proposición falsa. (Nota: La cifra entre paréntesis es de signo negativo.)*

	Año X3	Año X2	Año X1
Tesorería	12.000	8.000	(1.000)
Gastos anticipados	300	800	0
Clientes y efectos a cobrar	3.000	2.000	4.000
Préstamo bancario a corto plazo	0	50.000	0
Ventas de mercaderías	82.000	98.000	45.000
Coste de ventas	52.000	60.000	21.000

☐ A. La tesorería, al cierre del año X2, supera en 9.000 euros al saldo de esta partida al cierre del año anterior.

☐ B. Los gastos anticipados han aumentado en el año X2 un 100% respecto al año anterior.

☐ C. El préstamo bancario disminuyó un 100% en el año X3, respecto al saldo que presentaba esta partida en la fecha de cierre del ejercicio anterior.

☐ D. En el año X2 las ventas aumentaron un 117,78% respecto al año anterior.

13.17. *Se conocen los datos siguientes referidos a una empresa comercial (cifras en euros): Existencias iniciales, 42.000; Compras netas de mercaderías, 246.000; Ventas netas de mercaderías, 440.000, y Margen bruto, 190.000. ¿Qué número de días, por término medio, permanece la mercancía en el almacén de la empresa? (Nota: 1 año = 365 días.)*

☐ A. 58,40 días. ☐ B. 67,75 días. ☐ C. 68,19 días. ☐ D. 76,84 días.

13.18. *Calcule la duración del ciclo de explotación o período medio de maduración del año X2, considerando la siguiente información obtenida de las cuentas anuales formuladas al término de los tres años que se indican:*

	Año X3	Año X2	Año X1
Tesorería	12.000	8.000	10.000
Inventario de mercancías	18.000	16.800	15.000
Cuentas comerciales a cobrar	23.000	27.000	24.000
Ventas netas	453.000	408.000	432.000
Coste de ventas	282.000	286.200	245.000
Resultado del ejercicio	22.000	24.000	12.000

Todas las ventas se hacen a crédito y todas las compras se pagan al contado. Utilice para los cálculos el año civil: 1 año = 365 días.

☐ A. 40,7 días. ☐ B. 42,3 días. ☐ C. 43,1 días. ☐ D. 46,7 días.

13.19. *Si la empresa capitaliza una operación de arrendamiento con opción a compra (120 cuotas mensuales más la opción de compra), en lugar de tratarla contablemente como un mero alquiler o arrendamiento operativo, ¿cómo afectará tal operación a los ratios que se indican?*

	Ratio de circulante	Ratio de endeudamiento	Rotación del activo
☐ A.	Aumenta	Aumenta	Aumenta
☐ B.	Aumenta	Disminuye	Disminuye
☐ C.	Disminuye	Aumenta	Aumenta
☐ D.	Disminuye	Aumenta	Disminuye

13.20. *Si una empresa incrementa el precio de venta del producto que comercializa y todas las demás variables financieras mantienen su comportamiento, ¿cuál de los siguientes ratios no resultará afectado?*

☐ A. Rotación del inventario de mercaderías.

☐ B. Rotación del activo total.

☐ C. Margen global sobre ventas.

☐ D. Beneficio por acción.

13.21. *Calcule los valores de (I) y (II):*

Fecha	*Valor de mercado por acción*	*Beneficio por acción*	*PER*	*Dividendo repartido por acción*	Pay-out
31-12-X5	*45 euros*	*12,50 euros*	*3,6*	*1 euro*	*(I)*
31-12-X6	*36 euros*	*11,25 euros*	*3,2*	*0,80 euros*	*(II)*

☐ A. 27,78% y 31,25%, respectivamente.

☐ B. 2,22% y 2,22%, respectivamente.

☐ C. 8% y 7,11%, respectivamente.

☐ D. 3,66% y 2,66%, respectivamente.

13.22. *Considere los siguientes saldos ordenados de manera aleatoria. Si no hay otros activos ni pasivos, ¿cuál es el ratio de endeudamiento?*

Tesorería	*50.000*
Proveedores y efectos comerciales a pagar	*20.000*
Inmovilizado material (neto)	*300.000*
Préstamo hipotecario a largo plazo	*200.000*
Clientes y efectos comerciales a cobrar	*16.000*
Existencias comerciales	*80.000*
Anticipos recibidos de clientes	*35.000*
Ingresos cobrados por anticipado	*20.000*
Inversiones financieras a corto plazo de gran liquidez	*15.000*

☐ A. 59,65% ☐ B. 67,64% ☐ C. 147,85% ☐ D. No puede calcularse.

13.23. *Los activos totales de una sociedad importan 2.000.000 de euros, financiados a partes iguales con capitales propios y ajenos. De su estado anual de resultados conocemos:*

Resultado antes de intereses e impuestos	*180.000*
Intereses	*80.000*
Impuesto sobre beneficios	*30.000*

Calcule los ratios de rentabilidad económica (Re) y de rentabilidad financiera (Rf). (Nota: Elija la mejor respuesta.)

- ☐ A. Re = 3,5%; Rf = 7%
- ☐ B. Re = 6,3%; Rf = 7%
- ☐ C. Re = 9% ; Rf = 7%
- ☐ D. Re = 7,8%; Rf = 10%

13.24. *De una sociedad, que cotiza en Bolsa, se conocen las siguientes magnitudes referidas a la fecha de cierre del último ejercicio (cifras en millones de euros): Total activo, 4.271; Total pasivo exigible, 1.204; Capitalización bursátil, 4.569. ¿Cuál es el valor del ratio Precio / Valor contable?*

☐ A. 0,67 ☐ B. 1,07 ☐ C. 1,36 ☐ D. 1,49

13.25. *Considerando los datos siguientes, calcule el beneficio por acción ordinaria para el año X2:*

	Año X3	*Año X2*	*Año X1*
Resultado del ejercicio (euros)	*450.000*	*480.000*	*360.000*
Dividendo que corresponde a las acciones sin derecho de voto (euros)	*10.000*	*12.000*	*6.000*
Número medio de acciones ordinarias en circulación	*15.000*	*12.000*	*10.000*

☐ A. 36,95 euros. ☐ B. 39 euros. ☐ C. 41 euros. ☐ D. 42,55 euros.

Prueba de evaluación n.º 14*

Prueba de desarrollo:

14.1. ***Definición y determinación del valor razonable o* fair market value.** *(2 puntos)*

14.2. ***Factores determinantes de la rentabilidad financiera.*** *(2 puntos)*

14.3. Cálculo e interpretación de ratios bursátiles. *(1 punto)*

El resultado del ejercicio anual de las sociedades HARDSA y SOFTSA, terminado el 31 de diciembre de 20X6, ascendió a 100.000 y 250.000 euros, respectivamente. Ambas sociedades tenían 200.000 acciones en circulación de 10 euros de valor nominal cada una y, al 31 de diciembre de 20X6, la cotización de los títulos de HARDSA era 31 euros y 55 euros la de los títulos de SOFTSA.

❍ *SE PIDE:*

a) Calcule el BPA y el PER de las acciones de ambas sociedades.

b) Indique la sociedad que, si nos atenemos al comportamiento de los inversores, posee un potencial de crecimiento mayor. Argumente su respuesta.

14.4. ***Flujos de efectivo por actividades de explotación.*** *(2,5 puntos)*

Los estados financieros de FLEKSA formulados al cierre del último ejercicio presentan, entre otras, las siguientes cuentas y saldos (cifras en euros):

Cuentas	Saldos finales	Saldos iniciales
Terrenos	65.900	24.000
Clientes	10.000	10.400
Alquileres pagados por anticipado	1.400	2.100
Seguros pagados por anticipado	2.800	900
Equipos informáticos	14.500	12.000
Proveedores	1.400	1.800
Dividendos a pagar	1.200	1.000
Suministros pendientes de pago	800	500
Efectivo y equivalentes al efectivo	7.200	8.000
Edificios	112.000	94.000
Sueldos pendientes de pago	2.200	2.900
Anticipos de clientes	900	800

Información adicional: Resultado del ejercicio (beneficio), 39.400 euros; gastos de amortización, 26.700 euros, y se vendió al contado por 18.000 euros una maquinaria cuyo valor en libros era 20.000 euros.

❍ *SE PIDE:*

Presente la sección "Actividades de explotación" del Estado de flujos de efectivo, utilizando el método indirecto.

---

* Examen propuesto en la UNED. Convocatoria: Junio 2007, primera semana.

14.5. *Rotaciones y plazos.* *(2,5 puntos)*

Disponemos de la siguiente información financiera de la empresa TYDSA, que realiza una actividad comercial, correspondiente al ejercicio terminado el 31-12-20X7:

Ventas (80% a crédito)	*987.500*
Compras (todas al contado)	*450.000*
Clientes y efectos comerciales a cobrar, saldo al 1 de enero	*70.000*
Clientes y efectos comerciales a cobrar, saldo al 31 de diciembre	*66.000*
Proveedores y efectos comerciales a pagar, saldo al 1 de enero	*25.000*
Proveedores y efectos comerciales a pagar, saldo al 31 de diciembre	*0*
Existencias de mercaderías, saldo al 1 de enero	*45.000*
Existencias de mercaderías, saldo al 31 de diciembre	*35.000*

❍ *SE PIDE:*

a) Rotación del almacén y plazo medio de almacenamiento.

b) Rotación de las cuentas a cobrar y plazo medio de cobro total.

c) Importe total cobrado de clientes durante 20X7.

d) Importe total pagado a proveedores durante 20X7.

Prueba de evaluación n.º 15*

Elija la mejor respuesta:

15.1. *¿Qué principio podría justificar una política contable consistente en no reconocer las pérdidas por deterioro de créditos de operaciones comerciales evaluadas con razonable fiabilidad?*

- ☐ A. Prudencia.
- ☐ B. No compensación.
- ☐ C. Devengo.
- ☐ D. Importancia relativa.

15.2. *Si la compra de un terreno se registró incorrectamente en una cuenta de gastos, ¿cuáles fueron las consecuencias de tal error en las cuentas anuales de aquel ejercicio?*

- ☐ A. El activo resultó infravalorado y los fondos propios sobrevalorados.
- ☐ B. El activo y los fondos propios resultaron infravalorados.
- ☐ C. El activo y los fondos propios resultaron sobrevalorados.
- ☐ D. El activo resultó sobrevalorado y los fondos propios infravalorados.

15.3. *Si para valorar el inventario en un período inflacionista se utiliza el método FIFO, en lugar del coste medio ponderado, resultará (señale la proposición falsa):*

- ☐ A. Una cuantía superior del gasto por el impuesto sobre beneficios.
- ☐ B. Un margen bruto mayor.
- ☐ C. El inventario final resultará valorado por un importe inferior.
- ☐ D. El coste atribuido a la mercancía vendida será inferior.

15.4. *¿Qué criterio debe aplicarse para imputar a resultados la carga financiera originada por la emisión al 95% de unos bonos "cupón cero" reembolsables a los 36 meses?*

- ☐ A. El tipo de interés efectivo.
- ☐ B. Lineal o uniforme en el tiempo de duración de la emisión.
- ☐ C. Saneamiento acelerado en función de los números dígitos.
- ☐ D. Las Normas Internacionales y el vigente PGC aceptan cualquier criterio financiero.

---

* Examen propuesto en la UNED. Convocatoria: Junio 2007, segunda semana.

15.5. *Las cifras del resultado antes de impuestos de los dos años consecutivos que se indican fueron: 20X4, 25.000 euros, y 20X5, 30.000 euros. Más tarde se descubrió que el inventario final de 20X4 se infravaloró en 2.000 euros y que este error no se descubrió en 20X5. ¿Cuál es la cifra correcta del resultado antes de impuestos de cada uno de esos años?*

- ☐ A. 20X4: 23.000 euros; 20X5, 32.000 euros.
- ☐ B. 20X4: 27.000 euros; 20X5, 32.000 euros.
- ☐ C. 20X4: 27.000 euros; 20X5, 28.000 euros.
- ☐ D. 20X4: 23.000 euros; 20X5, 28.000 euros.

15.6. *BULGARIA, S.A. presentaba las siguientes cifras obtenidas de su último balance cerrado: Total Activo, 350.000 euros; Pasivo exigible, 80.000 euros, y Fondos propios, 270.000 euros. Si se han pagado 300.000 euros en efectivo por la totalidad de sus acciones, ¿qué importe ha de reconocerse en concepto de fondo de comercio?*

☐ A. 20.000 euros. ☐ B. 30.000 euros. ☐ C. 50.000 euros. ☐ D. 60.000 euros.

15.7. *El 1 de enero de 20X4 se compró por 10.000 euros una maquinaria, estimándosele una vida útil de cinco años y un valor residual de 2.000 euros. Para su amortización se utiliza el método lineal o de cuotas anuales constantes. Si al inicio del cuarto año se revisó el valor residual inicialmente estimado, fijándose ahora en 1.000 euros, ¿qué amortización habrá de reconocerse en la Cuenta de pérdidas y ganancias del año que termina el 31 de diciembre de 20X7?*

☐ A. 4.200 euros. ☐ B. 2.400 euros. ☐ C. 2.100 euros. ☐ D. 1.000 euros.

15.8. *Se ha obtenido un préstamo de 10.000 euros, al 10% de interés anual, que se va a amortizar en tres años mediante otros tantos pagos de 4.021,15 euros, postpagables. ¿Qué cifra de gastos financieros (intereses) incluirá la segunda anualidad? (cifras redondeadas).*

☐ A. 365 euros. ☐ B. 698 euros. ☐ C. 1.000 euros. ☐ D. 2.063 euros.

15.9. *Analice la siguiente información financiera (cifras en euros):*

	Saldo inicial	Saldo final
Maquinaria	7.000	5.500
Amortización acumulada de maquinaria	3.500	2.000

Si durante el ejercicio al que se refieren los anteriores saldos se vendió por 1.250 euros una máquina que había costado 3.000 euros y cuya amortización acumulada ascendía a 1.500 euros, ¿cuál fue el coste o precio de adquisición de la nueva máquina adquirida?

☐ A. 1.000 euros. ☐ B. 1.250 euros. ☐ C. 1.500 euros. ☐ D. 2.750 euros.

15.10. *ACB, S.A. hizo una emisión de bonos el 1 de enero de 20X5, por un valor nominal de 100.000 euros. Los títulos se emitieron al 98%, con un interés del 7% anual pagadero el 31 de diciembre de cada año y se amortizarán el 31 de diciembre de 20X9 con una prima de reembolso del 3%. Si se aplica el criterio del coste amortizado, ¿qué cifra de gastos financieros figurará en la Cuenta de pérdidas y ganancias de ACB correspondiente al año 20X5? (Nota: Tipo de interés efectivo: 8,0123% y cifras redondeadas.)*

☐ A. 7.000 euros. ☐ B. 7.852 euros. ☐ C. 8.012 euros. ☐ D. 14.852 euros.

15.11. *Considerando la información proporcionada en la pregunta anterior, ¿cuál será la deuda neta que figurará en el Balance de situación de ACB referido al 31 de diciembre de 20X7?*

☐ A. 98.852 euros. ☐ B. 99.772 euros. ☐ C. 100.767 euros. ☐ D. 101.840 euros.

15.12. *¿En qué sección del Estado de flujos de efectivo figuran las partidas descritas en la siguiente tabla?*

	Dividendos cobrados	Dividendos pagados
☐ A.	Actividades de financiación	Actividades de explotación
☐ B.	Actividades de explotación	Actividades de financiación
☐ C.	Actividades de financiación	Actividades de financiación
☐ D.	Actividades de explotación	Actividades de explotación

15.13. *En el balance de una empresa comercial, la cuenta de Terrenos presentaba un saldo de 550.000 euros al iniciarse el ejercicio anual y un saldo de 150.000 euros al final. Si en la Cuenta de pérdidas y ganancias del mismo año se reconoció un beneficio de 50.000 euros por una venta de terrenos al contado, ¿cuál fue el efecto de dicha venta en el Estado de flujos de efectivo?*

☐ A. Un cobro de 50.000 euros por actividades de explotación.

☐ B. Un cobro de 50.000 euros por actividades de inversión.

☐ C. Un cobro de 450.000 euros por actividades de explotación.

☐ D. Un cobro de 450.000 euros por actividades de inversión.

15.14. *¿Cuál de las operaciones que se enuncian a continuación originó, sobre las magnitudes contables indicadas, los efectos que figuran en la tabla?*

Activo	*Gastos*	*Pasivo*	*Neto*	*Ingresos*	*Flujos de efectivo*
+ / −	n/a	n/a	n/a	n/a	− AE

Leyenda: +/ − = Aumento de un activo y disminución de otro por el mismo importe; n/a = No afecta, y − AE = = Disminución del efectivo por actividades de explotación.

☐ A. Una compra de maquinaria al contado.

☐ B. El pago del alquiler correspondiente a los primeros meses del ejercicio siguiente.

☐ C. Un pago de dividendos.

☐ D. El pago de la deuda contraída con un proveedor.

15.15. *Los saldos inicial y final de las Cuentas a cobrar (Clientes y Efectos comerciales a cobrar) eran 35.000 y 30.000 euros, respectivamente. Si las ventas a crédito del ejercicio fueron 440.000 euros, ¿cuál fue el importe total cobrado a clientes durante dicho ejercicio?*

☐ A. 405.000 euros. ☐ B. 410.000 euros. ☐ C. 435.000 euros. ☐ D. 445.000 euros.

15.16. *ESLOVAQUIA, S.A. pagó por adelantado la prima del seguro de incendios correspondiente a los dos próximos años. Si la cuenta "Seguros pagados por anticipado" presentaba un saldo de 13.000 euros al 1 de enero y 11.500 euros al 31 de diciembre —fecha de cierre del ejercicio— y el gasto que por dicho concepto figuraba en la Cuenta de pérdidas y ganancias asciende a 16.000 euros, ¿qué cifra se pagó por primas de seguros durante aquel ejercicio?*

☐ A. 4.500 euros. ☐ B. 8.500 euros. ☐ C. 11.500 euros. ☐ D. 14.500 euros.

15.17. *Se dispone de la siguiente información financiera de CHEQUIA, S.L., que es la sociedad titular de una empresa comercial, relativa al último ejercicio cerrado (cifras en euros):*

Ventas de mercaderías (todas a crédito)	*1.200.000*
Compras de mercaderías (todas al contado)	*920.000*
Variación de existencias de mercaderías (saldo deudor)	*8.000*
Resultado del ejercicio	*90.000*
Clientes y efectos comerciales a cobrar, 1 de enero	*110.000*
Clientes y efectos comerciales a cobrar, 31 de diciembre	*90.000*
Existencias de mercaderías, 1 de enero	*124.000*
Existencias de mercaderías, 31 de diciembre	*?*

¿Cuál fue la duración del ciclo de explotación de esta sociedad en aquel ejercicio? (Nota: Utilice 365 días para operar y redondee el resultado final obtenido.)

☐ A. 30 días. ☐ B. 47 días. ☐ C. 78 días. ☐ D. 98 días.

15.18. *PRAGA, S.A. presentaba el siguiente balance resumido al 31 de diciembre de 20X6:*

ACTIVO		*PASIVO*	
Activo fijo	*44.000*	*Fondos propios*	*32.000*
Activo circulante	*6.000*	*Acreedores a largo plazo*	*15.000*
		Pasivo circulante	*3.000*
Total Activo	*50.000*	*Total Pasivo*	*50.000*

Si el 1 de enero de 20X7 se liquida en efectivo una deuda, a corto plazo, de 2.000 euros contraída con un proveedor, ¿cómo afectará esta operación al ratio de circulante?

☐ A. El valor del ratio de circulante aumentará.

☐ B. El valor del ratio de circulante disminuirá.

☐ C. El valor del ratio de circulante se mantendrá.

☐ D. Con la información disponible no puede saberse.

15.19. *¿Cuál de las siguientes afirmaciones es verdadera?*

- ☐ A. Las empresas rentables no pueden tener problemas de liquidez.
- ☐ B. Una empresa que opere con pérdidas puede tener suficiente liquidez.
- ☐ C. Las empresas que operan con pérdidas tienen siempre problemas de liquidez.
- ☐ D. Todas las afirmaciones anteriores son verdaderas.

15.20. *Considere la información recogida en la tabla siguiente, ordenada cronológicamente, que se refiere al único artículo que comercializa cierta sociedad mercantil:*

	ENTRADAS		SALIDAS	
	Unidades	**Coste unitario**	**Unidades**	**Precio venta unitario**
Inventario inicial	100	10 euros		
Primera compra	80	12 euros		
Segunda compra	150	13 euros		
Primera venta			120	15 euros
Segunda venta			140	16 euros
Inventario final	70			

Calcule la rotación del inventario utilizando los métodos FIFO y LIFO, y señale después la proposición verdadera:

- ☐ A. Si se utiliza el método FIFO la rotación es superior a la obtenida aplicando el LIFO.
- ☐ B. El método utilizado —FIFO o LIFO— sólo afecta al coste atribuido a la mercancía vendida.
- ☐ C. Las rotaciones calculadas son idénticas.
- ☐ D. Si se utiliza el método LIFO la rotación es superior a la obtenida aplicando el FIFO.

15.21. *Calcule el capital circulante, el ratio de circulante y la prueba ácida considerando los saldos siguientes: Equipos informáticos, 8.500 euros; Tesorería, 10.000 euros; Clientes, 20.000 euros; Existencias comerciales, 45.000 euros; Proveedores, 12.000 euros; Sueldos pendientes de pago, 3.000 euros; Amortización acumulada de equipos informáticos, 8.500 euros.*

- ☐ A. 15.000 euros, 5 y 2, respectivamente.
- ☐ B. 60.000 euros, 5 y 2, respectivamente.
- ☐ C. 60.000 euros, 2 y 5, respectivamente.
- ☐ D. 60.000 euros, 4 y 1, respectivamente.

15.22. *Si el valor bursátil o valor de capitalización de una sociedad es 62.500.000 euros, el valor nominal de sus acciones 2 euros, el resultado líquido del ejercicio 1.250.000 euros y tiene 2.500.000 de acciones en circulación, ¿cuál es su PER?*

☐ A. 2 veces. ☐ B. 5 veces. ☐ C. 25 veces. ☐ D. 50 veces.

15.23. *Examine los datos que a continuación se recogen y calcule el ratio de rentabilidad económica o rentabilidad del activo total correspondiente al año 2:*

	Año 3	*Año 2*	*Año 1*
Pasivo exigible, al 31 de diciembre	*30.000*	*40.000*	*5.000*
Patrimonio neto, al 31 de diciembre	*60.000*	*58.000*	*43.000*
Ventas netas	*96.000*	*80.000*	*55.000*
Resultado del ejercicio	*32.000*	*25.000*	*12.000*

☐ A. 25,51% ☐ B. 26,59% ☐ C. 31,25% ☐ D. 34,25%

15.24. *En una sociedad que cotiza en Bolsa, ¿cuál de las siguientes circunstancias no afectará directamente a la tasa de rentabilidad de los fondos propios?*

☐ A. Un incremento en la rentabilidad del activo.

☐ B. Un incremento en el uso de la financiación ajena.

☐ C. Un incremento en el valor bursátil.

☐ D. Un incremento en el resultado neto del ejercicio.

15.25. *Si una persona, recientemente jubilada, desea invertir sus ahorros en acciones que le permitan obtener ingresos regulares con los que complementar su pensión, debería elegir títulos con un alto:*

☐ A. *Pay-out.*

☐ B. Ratio de circulante.

☐ C. Beneficio por acción.

☐ D. PER *(Price-earnings ratio).*

Prueba de evaluación n.º 16*

Elija la mejor respuesta:

16.1. *«Las NIC/NIIF se aplicaron en España por primera vez, en la preparación de las cuentas consolidadas de determinados grupos, para los ejercicios comenzados el 1 de enero del año _______».*

☐ A. 2002 ☐ B. 2004 ☐ C. 2005 ☐ D. 2006

16.2. *El 15 de diciembre de 20X6 el Consejo de Administración de una sociedad anónima tomó el acuerdo de repartir un dividendo a cuenta del resultado del ejercicio que terminará el 31 de diciembre próximo. Si dicho dividendo se hará efectivo el 15 de enero de 20X7, ¿cómo afecta aquel acuerdo a la cuantía del patrimonio neto de aquella sociedad en las fechas que se indican?*

	15 de diciembre de 20X6	31 de diciembre de 20X6	15 de enero de 20X7
☐ A.	Disminuye	No afecta	Disminuye
☐ B.	Disminuye	No afecta	No afecta
☐ C.	No afecta	Disminuye	No afecta
☐ D.	No afecta	No afecta	Disminuye

16.3. *Con la intención de reducir su capital social, una sociedad anónima compró sus acciones propias a un precio superior tanto al valor nominal como al precio al que fueron emitidas, pero inferior a su valor contable o valor según libros en aquel momento. ¿Cuál fue el impacto de aquella adquisición en el importe del patrimonio neto y en el valor teórico de las acciones de dicha sociedad?*

	Patrimonio neto	Valor teórico de la acción
☐ A.	Aumenta	Aumenta
☐ B.	Aumenta	Disminuye
☐ C.	Disminuye	Aumenta
☐ D.	Disminuye	Disminuye

16.4. *La venta a crédito de una partida de mercancías, ¿qué efecto producirá sobre el activo de la empresa vendedora?*

☐ A. Aumento.
☐ B. Disminución.
☐ C. Nulo.
☐ D. Cualquiera de los anteriores.

* Examen propuesto en la UNED. Convocatoria: Septiembre 2007.

16.5. *La ganancia originada por el incremento de valor del edificio de oficinas, propiedad del sujeto contable, se reconocerá en los estados financieros de éste cuando:*

- ☐ A. El edificio sea vendido.
- ☐ B. Se cobre el precio de venta.
- ☐ C. Pueda medirse con fiabilidad.
- ☐ D. Sea verificada por un tasador independiente.

16.6. *Según el Plan General de Contabilidad, ¿qué activos financieros, en determinados supuestos, pueden valorarse por su valor nominal?*

- ☐ A. Los créditos comerciales con vencimiento no superior a un año.
- ☐ B. Los anticipos y créditos al personal.
- ☐ C. Los dividendos a cobrar.
- ☐ D. Todas las partidas anteriores.

16.7. *En épocas inflacionistas, ¿qué método de valoración de inventarios da lugar a un impuesto sobre beneficios de cuantía superior?*

- ☐ A. El método FIFO.
- ☐ B. El método LIFO.
- ☐ C. El coste medio ponderado.
- ☐ D. El método de identificación específica.

16.8. *Si al cierre del ejercicio actual el inventario de existencias se infravalora, ¿cuál de las siguientes afirmaciones es verdadera?*

- ☐ A. El resultado del ejercicio actual resultará sobrevalorado.
- ☐ B. El coste de la mercancía vendida del ejercicio actual resultará infravalorado.
- ☐ C. Los fondos propios al cierre del ejercicio actual resultarán sobrevalorados.
- ☐ D. El resultado del ejercicio siguiente resultará sobrevalorado.

16.9. *Repartir el coste de los activos fijos amortizables durante los años de vida útil, en lugar de cargarlo a resultados en el ejercicio en que se produce la adquisición, es una práctica acorde con:*

- ☐ A. El principio de prudencia.
- ☐ B. Los objetivos de fiabilidad y relevancia.
- ☐ C. El principio de importancia relativa.
- ☐ D. El principio de correlación de ingresos y gastos.

16.10. *Cierta empresa pagó 24.000 euros por el alquiler correspondiente al período anual comprendido entre el 1 de abril de 20X7 y el 31 de marzo de 20X8. ¿Qué habrá de figurar en las cuentas anuales cerradas al 31 de diciembre de 20X7?*

- ☐ A. Un gasto de 24.000 euros en la partida Arrendamientos y cánones.
- ☐ B. Un gasto de 18.000 euros y un activo por los 6.000 euros restantes.
- ☐ C. Un gasto de 18.000 euros y un pasivo circulante por 6.000 euros.
- ☐ D. Un gasto de 24.000 euros y una nota en la memoria explicativa del contrato de alquiler firmado.

16.11. *Considere la información que se proporciona seguidamente. Si se utiliza la regla "coste o mercado, el más bajo" aplicada de manera individualizada para cada tipo de mercancía, ¿qué depreciación o deterioro debería reconocerse? (Nota: Las cifras vienen expresadas en euros.)*

Partidas	*Coste*	*Valor de mercado*
Mercancía Tipo X	*14.000*	*15.000*
Mercancía Tipo Y	*24.000*	*21.500*
Mercancía Tipo Z	*34.000*	*33.000*
Mercancía Tipo W	*18.000*	*20.000*
Totales	*90.000*	*89.500*

☐ A. 500 euros. ☐ B. 1.500 euros. ☐ C. 3.000 euros. ☐ D. 3.500 euros.

16.12. *Se compró una máquina por 45.000 euros, estimándosele una vida útil de 7 años y un valor residual de 3.000 euros. Una vez transcurridos tres años, se revisó la vida útil incrementándose en cuatro años con respecto a la estimación inicial y se mantuvo el valor residual inicialmente asignado. Si se aplica el método de amortización lineal, ¿cuál será el gasto por amortización correspondiente al año 4?*

☐ A. 2.455 euros. ☐ B. 3.000 euros. ☐ C. 3.375 euros. ☐ D. 6.000 euros.

16.13. *¿Cuál es el propósito de la información presentada en las notas a los estados financieros o Memoria?*

- ☐ A. Comunicar desgloses de cifras e informaciones complementarias requeridas por la normativa contable.
- ☐ B. Corregir datos incorrectos que pueden figurar en el Balance y/o la Cuenta de pérdidas y ganancias.
- ☐ C. Proporcionar información de determinadas operaciones intencionadamente excluidas por la gerencia de los estados formales.
- ☐ D. Responder a las sugerencias de los auditores de cuentas.

CASO PRÁCTICO SAUCE

Enunciado

SAUCE, S.A. es la sociedad titular de una pequeña empresa de consultoría. Durante su primer ejercicio anual realizó las siguientes operaciones (entre otras que en nada afectan a las preguntas que después se plantean):

a) Prestó diversos servicios, por un valor total de 150.000 euros, que se acuerda cobrar en todos los casos a los 60 días desde la fecha de factura.

b) Cobró de los clientes 125.000 euros.

c) Salarios pagados, 55.000 euros, y salarios devengados y pendientes de pago, 15.000 euros.

d) Un cliente que adeuda 3.000 euros a la sociedad lleva varios meses en paradero desconocido, por lo que dicho crédito se considera de muy dudoso cobro.

e) En el mes de diciembre se aprobó un dividendo activo a cuenta de los resultados obtenidos en el primer año de actividad, por un importe total de 12.000 euros, que se hará efectivo el día 31 de enero del siguiente año.

❍ SE PIDE:

Responda a las tres preguntas que se plantean a continuación.

16.**14.** *[SAUCE] ¿Cuál fue el resultado alcanzado en su primer año de operaciones?*

☐ A. 65.000 euros. ☐ B. 77.000 euros. ☐ C. 80.000 euros. ☐ D. 92.000 euros.

16.**15.** *[SAUCE] ¿Cuál fue el flujo neto de efectivo generado por las actividades de explotación?*

☐ A. 67.000 euros. ☐ B. 70.000 euros. ☐ C. 95.000 euros. ☐ D. 125.000 euros.

16.**16.** *[SAUCE] ¿Cuál es el valor neto realizable de las cuentas comerciales por cobrar a fin de año?*

☐ A. 150.000 euros. ☐ B. 147.000 euros. ☐ C. 25.000 euros. ☐ D. 22.000 euros.

CASO PRÁCTICO TAJ

Enunciado

TAJ, S.A. presentó los siguientes estados financieros referidos a las fechas que se indican (cifras en euros):

BALANCES DE SITUACIÓN					
ACTIVO	31 de diciembre		PATRIMONIO NETO Y PASIVO	31 de diciembre	
	20X6	20X5		20X6	20X5
Inmovilizado material (neto)	1.020.000	550.000	Capital social	1.200.000	900.000
Inmovilizado financiero	80.000	—	Reservas	160.000	50.000
Existencias comerciales	660.000	420.000	Resultado del ejercicio	400.000	280.000
Clientes y efectos a cobrar	840.000	580.000	Préstamo a largo plazo	500.000	—
Gastos anticipados	100.000	50.000	Proveedores y efectos a pagar	530.000	440.000
Efectivo y partidas equivalentes	300.000	200.000	Impuestos pendientes de pago	140.000	130.000
			Dividendo activo a pagar	70.000	—
Total Activo	3.000.000	1.800.000	Total Patrimonio neto y Pasivo	3.000.000	1.800.000

CUENTAS DE PÉRDIDAS Y GANANCIAS		
PARTIDAS Y RESULTADO	Del año terminado el 31 de diciembre de	
	20X6	20X5
Ventas netas (todas a crédito)	6.400.000	4.000.000
Coste de ventas	5.000.000	3.200.000
Otros gastos de explotación	1.000.000	520.000
Resultado del ejercicio	400.000	280.000

Información adicional:

— El préstamo bancario a largo plazo obtenido se destinó íntegramente a la compra de una nueva oficina.

— A lo largo de 20X6 se acordaron pagos a los accionistas, por importe de 170.000 euros, en concepto de dividendos por los resultados del año 20X5.

— La amortización acumulada del inmovilizado material ascendía a 50.000 y 110.000 euros, al 31 de diciembre de 20X5 y 20X6, respectivamente.

❍ SE PIDE:

Conteste las cuatro preguntas que seguidamente se formulan.

16.17. *[TAJ] Importe cobrado de los clientes en 20X6:*

☐ A. 5.560.000 euros. ☐ B. 5.840.000 euros. ☐ C. 6.140.000 euros. ☐ D. 6.400.000 euros.

16.18. *[TAJ] Importe pagado a los proveedores en 20X6:*

☐ A. 4.670.000 euros. ☐ B. 4.910.000 euros. ☐ C. 5.000.000 euros. ☐ D. 5.150.000 euros.

16.19. *[TAJ] Efectivo neto aplicado durante 20X6 en actividades de inversión:*

☐ A. 80.000 euros. ☐ B. 530.000 euros. ☐ C. 610.000 euros. ☐ D. 660.000 euros.

16.20. *[TAJ] Efectivo neto generado durante 20X6 por actividades de financiación:*

☐ A. 140.000 euros. ☐ B. 300.000 euros. ☐ C. 500.000 euros. ☐ D. 700.000 euros.

[Fin del CASO PRÁCTICO]

16.21. *Si el 31 de diciembre, fecha de cierre del ejercicio, la empresa consigue cobrar en efectivo el importe que le adeuda un importante cliente, ¿cuál de los siguientes indicadores aumentará?*

☐ A. Ratio de circulante.

☐ B. Prueba ácida.

☐ C. Rotación de las existencias en almacén.

☐ D. Rotación de las cuentas comerciales a cobrar.

16.22. *El ratio de endeudamiento (Pasivo exigible / Patrimonio neto) de una empresa comercial es 1,5. Si en ese momento realiza una compra de mercancía al contado, ¿cómo incide esta operación sobre el valor de aquel ratio?*

☐ A. Aumenta.

☐ B. Disminuye.

☐ C. No afecta.

☐ D. Dependerá del procedimiento que la empresa utilice para registrar las compras de mercaderías.

16.23. *Examine los datos que se recogen seguidamente y calcule el ratio de rentabilidad financiera correspondiente al año 3:*

	Año 3	*Año 2*	*Año 1*
Activo total, al 31 de diciembre	*90.000*	*98.000*	*48.000*
Pasivo exigible, al 31 de diciembre	*30.000*	*40.000*	*5.000*
Ventas netas	*96.000*	*80.000*	*55.000*
Resultado del ejercicio	*30.000*	*21.000*	*8.000*

☐ A. 43,22% ☐ B. 50% ☐ C. 50,85% ☐ D. 54,05%

16.24. *Información relativa a las acciones en circulación de cierta sociedad anónima durante el año 20X7:*

1 de enero de 20X7	*Acciones antiguas en circulación*	*30.000*
1 de enero de 20X7	*Acciones nuevas entregadas en concepto de dividendo*	*3.000*
1 de julio de 20X7	*Acciones nuevas desembolsadas íntegramente en metálico*	*8.000*
31 de diciembre de 20X7	*Número total de acciones en circulación*	*41.000*

¿Cuál fue el promedio de acciones en circulación de esta sociedad en 20X7?

☐ A. 30.000 ☐ B. 34.000 ☐ C. 36.750 ☐ D. 37.000

Prueba de evaluación n.º 17*

Prueba de desarrollo:

17.1. ***Pasivos exigibles: atributos y requisito de reconocimiento.*** *(1,5 puntos)*

17.2. ***Utilidad y limitaciones de los ratios.*** *(1,5 puntos)*

17.3. ***Cálculo de diversas magnitudes y análisis de la liquidez y de la solvencia.*** *(3 puntos)*

DEINSA es una empresa distribuidora de equipamiento informático que inició su actividad en enero de 20X5. Tres años después de su constitución pretende ampliar el negocio, para comercializar un nuevo producto muy demandado, para lo cual solicitará financiación a una entidad bancaria. Los activos, pasivos y otros datos relativos a los tres ejercicios transcurridos son (cifras en euros):

PARTIDAS	*31 de diciembre*		
	20X7	*20X6*	*20X5*
Inmovilizado material neto	*253.000*	*213.000*	*147.000*
Existencias comerciales	*46.000*	*40.000*	*27.000*
Clientes	*52.000*	*45.000*	*40.000*
Bancos, c/c	*8.000*	*15.000*	*6.000*
Total Activo	*259.000*	*263.000*	*220.000*
*Pasivo circulante**	*143.000*	*95.000*	*33.000*

	Año 20X7	*Año 20X6*	*Año 20X5*
Ventas (todas a crédito)	*390.000*	*375.000*	*360.000*
Compras (todas a crédito)	*280.000*	*250.000*	*230.000*
Resultado antes de impuestos	*14.000*	*46.000*	*32.000*

* Incluye tres conceptos: deuda con los proveedores de mercancía, impuestos a pagar y dividendos a pagar. Se sabe, asimismo, que esta empresa no ha contraído en ningún momento deuda a largo plazo.

Información adicional:

1. *La empresa inició su actividad en los primeros días de enero de 20X5 emitiendo 100.000 acciones de 1 euro de valor nominal, con una prima de 60 céntimos de euro por acción, que los accionistas desembolsaron íntegramente en metálico. Desde entonces el capital social no ha experimentado ninguna modificación.*
2. *El impuesto sobre beneficios ascendió a 5.000 y 6.000 euros en 20X6 y 20X7, respectivamente. La sociedad no tributó por el impuesto sobre beneficios en 20X5 por ser el año de su creación.*

---

* Examen propuesto en la UNED. Convocatoria: Junio 2008, primera semana.

3. *Dividendos acordados: 5 céntimos de euro por acción en 20X5 y 10 céntimos en 20X6 y 20X7. En los tres ejercicios, los dividendos se aprobaron y registraron en la primera quincena de diciembre y se hicieron efectivos a lo largo del mes de enero del año siguiente.*

❍ *SE PIDE:*

a) *Determinar el resultado líquido y su aplicación en los tres ejercicios.*
b) *Presentar la composición de los fondos propios al 31 de diciembre de los tres años.*
c) *Comentar la evolución económico-financiera de la sociedad señalando sus fortalezas y debilidades.*

17.4. *Elaboración de un Estado de flujos de efectivo.* *(4 puntos)*

JR, S.A. (Juegos Reunidos, S.A.) formuló los siguientes estados financieros al término del último ejercicio cerrado por dicha sociedad (cifras en euros):

BALANCES DE SITUACIÓN	31-12-20X7	31-12-20X6	Variaciones deudoras	Variaciones acreedoras
Inmovilizado material neto	980.000	700.000	280.000	
Existencias de mercaderías	70.000	65.000	5.000	
Cuentas comerciales a cobrar	175.000	215.000		40.000
Caja y Bancos, c/c	50.000	65.000		15.000
	1.275.000	1.045.000		
Capital social	700.000	600.000		100.000
Prima de emisión de acciones	100.000	—		100.000
Reservas	85.000	40.000		45.000
Préstamo a largo plazo	200.000	250.000	50.000	
Cuentas comerciales a pagar	100.000	85.000		15.000
Proveedores de inmovilizado	20.000	—		20.000
Intereses devengados a pagar	5.000	10.000	5.000	
Dividendos a pagar	65.000	60.000		5.000
	1.275.000	1.045.000	340.000	340.000

CUENTA DE PÉRDIDAS Y GANANCIAS DEL AÑO 20X7	
Ingresos por ventas	1.670.000
Consumo de mercaderías	870.000
Gastos de explotación	415.000
Amortización del ejercicio	250.000
Pérdida en venta de inmovilizado	5.000
Gastos financieros	15.000
Impuesto sobre beneficios	—
Resultado del ejercicio	115.000
APLICACIÓN DEL RESULTADO	
A dividendos	70.000
A reservas	45.000

La sociedad compró en 20X7 una centralita telefónica, por un coste total de 550.000 euros, operación por la que todavía adeuda 20.000 euros. Téngase en cuenta, además, que se cobró en efectivo el importe total de las acciones emitidas en la ampliación de capital realizada en 20X7.

❍ *SE PIDE:*

Prepare el Estado de flujos de efectivo para el ejercicio terminado el 31 de diciembre de 20X7 y muestre los cálculos realizados. (Nota: Para la presentación de los Flujos de efectivo por actividades de explotación puede utilizarse cualquier método: directo, indirecto o el recogido en el Plan General de Contabilidad.)

Prueba de evaluación n.º 18*

Elija la mejor respuesta:

18.1. *La contabilización de las operaciones de arrendamiento financiero, tanto en las Normas Internacionales de Contabilidad como en el vigente Plan General de Contabilidad español, es esencialmente acorde con:*

- ☐ A. Los requisitos de relevancia y fiabilidad.
- ☐ B. Los principios de prudencia y correlación de ingresos y gastos.
- ☐ C. Las hipótesis de devengo y empresa en funcionamiento.
- ☐ D. La preeminencia del fondo económico de la operación sobre la forma.

18.2. *¿Cuál de las siguientes razones no justifica el proceso de amortización al que se someten los activos fijos depreciables?*

- ☐ A. Son activos que tienen una vida útil limitada.
- ☐ B. La amortización es parte del coste de los ingresos generados en el período.
- ☐ C. La amortización es un gasto ordinario del ejercicio.
- ☐ D. Mediante la amortización se pretende acercar el valor contable de los activos afectados a su valor razonable de mercado.

18.3. *La cifra de reservas de libre disposición disminuirá si la sociedad:*

- ☐ A. Toma el acuerdo de pagar un dividendo con cargo a dicha partida.
- ☐ B. Paga un dividendo que había sido acordado y contabilizado treinta días antes.
- ☐ C. Hace una ampliación de capital con prima de emisión.
- ☐ D. Incrementa la Reserva legal por encima de la cuantía obligatoria.

CASO PRÁCTICO LINKSA

Enunciado

LINK, S.A. es una empresa comercial que presentaba los siguientes saldos antes de ajustes, al 31 de diciembre de 20X7, fecha de cierre del último ejercicio anual terminado (todas las cifras se expresan en euros):

Cuentas	Saldos deudores	Saldos acreedores
Alquileres pagados por anticipado	36.000	
Clientes	69.000	
Deterioro de valor de créditos comerciales ...		500
Ingresos por arrendamientos		21.600
Primas de seguros	9.250	
Ventas de mercaderías		213.800

* Examen propuesto en la UNED. Convocatoria: Junio 2008, segunda semana.

Información adicional:

1. La cuenta Primas de seguros registra las siguientes tres pólizas:

Póliza	Fecha de contratación	Duración	Importes
A	1 de mayo de 20X6	1 año	2.550
B	1 de octubre de 20X7	3 años	5.400
C	1 de enero de 20X7	1 año	1.300
			9.250

   El coste total satisfecho por la póliza A fue 7.650 euros y al 31 de diciembre de 20X6 se registró el ajuste de periodificación correspondiente por este concepto.

2. El 30 de septiembre de 20X7 se cobraron 21.600 euros por el alquiler de dos vehículos, correspondiente al plazo de dieciocho meses contados desde dicha fecha.
3. Se estima que los saldos por créditos de clientes considerados de dudoso cobro ascienden al 2% de la cifra de ventas del ejercicio. Al 31 de diciembre de 20X7 no quedan créditos de clientes, con origen en ejercicios anteriores, pendientes de cobro.
4. El 30 de abril de 20X7, LINKSA alquiló un local comercial, a razón de 3.000 euros mensuales, pagando 36.000 euros por adelantado, cifra que incluía una fianza de dos mensualidades que se recuperará en la fecha de terminación del contrato de arrendamiento, que tiene una duración de cinco años.

❍ SE PIDE:

Conteste las cuatro preguntas que se formulan a continuación.

18.4. *[LINKSA, punto 1] Ajuste de la cuenta Primas de seguros previo al cierre del año 20X7:*

☐ A.	7.500	Gastos anticipados	a	Primas de seguros	7.500
☐ B.	4.350	Gastos anticipados a corto plazo			
	3.150	Gastos anticipados a largo plazo	a	Primas de seguros	7.500
☐ C.	1.800	Gastos anticipados a corto plazo			
	3.150	Gastos anticipados a largo plazo	a	Primas de seguros	4.950
☐ D.	3.150	Gastos anticipados	a	Primas de seguros	3.150

18.5. *[LINKSA, punto 2] Ajuste previo al cierre de cuentas del año 20X7:*

☐ A.	3.600	Ingresos por arrendamientos	a	Ingresos anticipados	3.600
☐ B.	18.000	Ingresos por arrendamientos	a	Bancos, c/c	18.000
☐ C.	14.400	Ingresos por arrendamientos	a	Ingresos anticipados	14.400
☐ D.	18.000	Ingresos por arrendamientos	a	Ingresos anticipados a corto plazo	14.400
			a	Ingresos anticipados a largo plazo	3.600

18.6. *[LINKSA, punto 3] Ajuste previo al cierre de cuentas del año 20X7:*

☐ A. 4.276	Pérdidas por deterioro de créditos	a	Deterioro de valor de créditos comerciales	4.276
☐ B. 3.776	Pérdidas por deterioro de créditos	a	Deterioro de valor de créditos comerciales	3.776
☐ C. 4.276	Clientes de dudoso cobro	a	Clientes	4.276

☐ D. Deben hacerse conjuntamente los asientos que figuran en las respuestas A y C.

18.7. *[LINKSA, punto 4] Ajuste previo al cierre de cuentas del año 20X7:*

☐ A. 6.000	Alquileres pagados por anticipado			
6.000	Fianzas constituidas a largo plazo	a	Gastos de alquileres	12.000
☐ B. 24.000	Gastos de alquileres			
6.000	Fianzas constituidas a largo plazo	a	Alquileres pagados por anticipado	30.000
☐ C. 24.000	Gastos de alquileres	a	Alquileres pagados por anticipado	24.000
☐ D. 6.000	Fianzas constituidas a largo plazo	a	Alquileres pagados por anticipado	6.000

[Fin del CASO PRÁCTICO]

18.8. *COX, S.A. presenta la siguiente información en sus cuentas anuales formuladas con motivo del cierre del ejercicio anual terminado el 31 de diciembre de 20X8:*

Balances de situación (extracto)	31-12-20X8	31-12-20X7
Existencias	*25.000*	*35.000*
Clientes	*28.000*	*24.000*
Intereses a cobrar	*13.000*	*0*
Proveedores	*33.000*	*31.000*
Intereses a pagar	*3.000*	*0*

Estado de resultados del año 20X8	Año 20X8
Margen bruto	*90.000*
Gastos de explotación	*(17.000)*
Amortización	*(10.000)*
Pérdida por venta de inmovilizado	*(4.000)*
	59.000
Ingresos financieros	*13.000*
Gastos financieros	*(3.000)*
Resultado antes de impuestos	*69.000*

¿Cuál fue el flujo neto de efectivo por actividades de explotación en 20X8?

☐ A. 81.000 euros. ☐ B. 83.000 euros. ☐ C. 93.000 euros. ☐ D. Otra cifra.

18.9. *Al final del ejercicio las dos cuentas que se indican presentaban el siguiente resumen de movimientos y saldos:*

Mobiliario

Saldo inicial	*80.000*	*Venta*	*22.000*
Compra	*41.600*		
Saldo final	*99.600*		

Amortización acumulada de mobiliario

Venta	*5.500*	*Saldo inicial*	*44.500*
		Amortización	*12.000*
		Saldo final	*51.000*

Si tanto la compra como la venta se efectuaron al contado y ésta ocasionó una pérdida de 7.500 euros, ¿cuál fue el flujo neto de efectivo derivado de las operaciones con el mobiliario?

- ☐ A. Un flujo neto positivo de 24.000 euros.
- ☐ B. Un flujo neto negativo de 12.100 euros.
- ☐ C. Un flujo neto negativo de 32.600 euros.
- ☐ D. Un flujo neto negativo de 17.600 euros.

18.10. *En la siguiente cuenta se resumen los movimientos de efectivo referidos a cierta sociedad en el último ejercicio:*

Tesorería (Caja y Bancos, c/c)

Saldo al 1 de enero	*4.000*	*Pagos a proveedores*	*100.000*
Cobros de clientes	*182.000*	*Pagos de diversos gastos*	*70.000*
Dividendos cobrados	*3.000*	*Intereses pagados*	*5.000*
Venta de mobiliario	*18.000*	*Impuestos pagados*	*4.000*
Emisión de bonos	*100.000*	*Dividendos pagados*	*25.000*
Saldo al 31 de diciembre	*103.000*		

¿Cuál fue el flujo neto de efectivo generado por actividades de financiación?

☐ A. 70.000 euros. ☐ B. 73.000 euros. ☐ C. 75.000 euros. ☐ D. 78.000 euros.

18.11. *En los informes de auditoría que muchas sociedades anónimas publican, acompañando a sus cuentas anuales e informe de gestión, se especifica como destinatarios de los mismos:*

- ☐ A. Los administradores de la sociedad.
- ☐ B. Los accionistas de la sociedad.
- ☐ C. Los administradores y los accionistas.
- ☐ D. El público en general.

18.12. *Considerando únicamente la información que se presenta después, ¿qué sociedad es más rentable?*

Sociedad	*Cifra de ventas*	*Beneficios*
W	*100.000*	*5.000*
X	*200.000*	*6.000*
Y	*300.000*	*7.000*
Z	*400.000*	*8.000*

☐ A. La sociedad W.

☐ B. La sociedad X.

☐ C. La sociedad Y.

☐ D. La sociedad Z.

18.13. *¿Cuál de las siguientes decisiones podría, con mayor probabilidad, incrementar el beneficio pero reducir la tesorería?*

☐ A. La venta de un activo no corriente con pérdida.

☐ B. La modificación de la cuota de amortización del ejercicio.

☐ C. La ampliación del plazo medio de crédito concedido a los clientes.

☐ D. La ampliación del plazo medio de crédito obtenido de los proveedores.

18.14. *Un incremento del saldo de la cuenta Deterioro de valor de créditos por operaciones comerciales origina:*

☐ A. Una disminución del capital circulante o corriente.

☐ B. Un incremento del capital circulante o corriente.

☐ C. Un incremento del pasivo exigible.

☐ D. Un incremento del resultado del ejercicio.

18.15. *Calcular el plazo medio de almacenamiento de una empresa comercial si su inventario de existencias, en la fecha de cierre del ejercicio, asciende a 6.000 euros y las primeras líneas de su cuenta de resultados son éstas:*

Ventas de mercaderías	*45.000*
Compras de mercaderías	*(26.500)*
Variación de existencias	*2.000*
Margen comercial	*20.500*

☐ A. 60 días. ☐ B. 74 días. ☐ C. 90 días. ☐ D. 104 días.

18.16. *Las ventas anuales de cierta sociedad ascendieron a 232.000 euros, cifra que incluye el IVA repercutido al tipo del 16%. Si la mitad de las ventas fueron a crédito y la otra mitad al contado, ¿cuál es el plazo medio de cobro total si el saldo promedio de crédito a clientes asciende a 23.200 euros?*

☐ A. 37 días. ☐ B. 50 días. ☐ C. 63 días. ☐ D. 73 días.

18.17. *El ratio de endeudamiento aumentará si:*

- ☐ A. El pasivo exigible disminuye en un importe inferior a la disminución que experimente el patrimonio neto.
- ☐ B. El pasivo exigible disminuye en un importe superior a la disminución que experimente el patrimonio neto.
- ☐ C. Se realiza una ampliación de capital liberada.
- ☐ D. Se paga un dividendo a los accionistas.

18.18. *Cierta sociedad adquiere en régimen de arrendamiento financiero unas instalaciones cuyo precio de compra al contado asciende a 100.000 euros. Si antes de formalizar la operación anterior los activos totales de la sociedad importaban 500.000 euros y los pasivos 200.000 euros, ¿cuál será la incidencia de la operación anterior sobre el ratio de endeudamiento?*

- ☐ A. Aumento.
- ☐ B. Disminución.
- ☐ C. No afecta.
- ☐ D. Puede aumentar o disminuir dependiendo del tipo de interés efectivo o TIR.

18.19. *Si la rentabilidad económica o rentabilidad de los fondos totales es el 18,80%, el coste de los pasivos ajenos remunerables el 6,4% y el riesgo financiero o riesgo del endeudamiento el 6,2%, ¿cuál es la relación de endeudamiento? (Nota: Se denomina riesgo financiero o riesgo del endeudamiento a la diferencia entre las tasas de rentabilidad económica y de rentabilidad financiera.)*

☐ A. 25% ☐ B. 31,40% ☐ C. 50% ☐ D. 75%

18.20. *El 1 de enero de 20X8 la sociedad EP, S.A. realizó una emisión de bonos convertibles a la par por valor de 3.000.000 de euros, de 1 euro de valor nominal cada uno y al 8% de interés anual. Cada 1.000 bonos se convertirán en 20 acciones ordinarias de la sociedad emisora. El resultado neto de ésta en 20X8 fue 270.000 euros y el tipo del impuesto sobre beneficios el 30%. Si las acciones en circulación de EPSA fueron 100.000 durante todo el año 20X8 y no se convirtió en acciones ninguno de aquellos bonos, ¿cuál es el beneficio por acción diluido?*

☐ A. 1,02 euros. ☐ B. 2,74 euros. ☐ C. 3,19 euros. ☐ D. Otra cifra.

Prueba de evaluación n.º 19*

Elija la mejor respuesta:

19.1. *Según la legislación vigente los documentos que han de formar parte de las cuentas anuales, cualquiera que sea el tamaño del sujeto contable, son:*

- ☐ A. Balance, Cuenta de pérdidas y ganancias y Memoria.
- ☐ B. Balance, Cuenta de pérdidas y ganancias, Estado de cambios en el patrimonio neto y Memoria.
- ☐ C. Balance, Cuenta de pérdidas y ganancias, Estado de cambios en el patrimonio neto, Estado de flujos de efectivo y Memoria.
- ☐ D. Balance, Cuenta de pérdidas y ganancias, Estado de cambios en el patrimonio neto, Estado de flujos de efectivo, Memoria e Informe de gestión.

19.2. *¿Cuáles son las dos hipótesis básicas del modelo contable que rige la elaboración de la información financiera?*

- ☐ A. Empresa en funcionamiento y devengo.
- ☐ B. Devengo y prudencia.
- ☐ C. Correlación de ingresos y gastos, y uniformidad.
- ☐ D. Empresa en funcionamiento y precio de adquisición

19.3. *Cuando la información financiera publicada por la empresa contiene, de forma completa, todos los datos que pueden influir en la toma de decisiones, sin ninguna omisión de información significativa, se dice que cumple con el requisito o característica cualitativa de:*

- ☐ A. Relevancia.
- ☐ B. Claridad.
- ☐ C. Comparabilidad.
- ☐ D. Integridad.

19.4. *Los activos fijos depreciables se amortizan para:*

- ☐ A. Crear un fondo separado que permita renovar el elemento amortizado al término de su vida útil.
- ☐ B. Informar en todo momento del valor razonable de los activos en el mercado.
- ☐ C. Conseguir que la cifra de beneficios no se infravalore.
- ☐ D. Repartir su coste a lo largo de la vida útil estimada.

19.5. *El coste amortizado es el criterio general de valoración aplicable a:*

- ☐ A. Créditos por operaciones comerciales.
- ☐ B. Débitos por operaciones no comerciales.
- ☐ C. Inversiones financieras mantenidas hasta el vencimiento.
- ☐ D. Todas las partidas anteriores, entre otras.

---

* Examen propuesto en la UNED. Convocatoria: Septiembre 2008.

19.6. *El patrimonio neto, tal como se define en el Plan General de Contabilidad vigente:*

- ☐ A. Equivale a los fondos propios.
- ☐ B. Su importe será siempre superior a la cifra de fondos propios.
- ☐ C. Es la diferencia entre el activo total y el pasivo exigible.
- ☐ D. Las respuestas B y C son correctas.

19.7. *¿En qué documento de las cuentas anuales deben figurar los pasivos estimados?*

- ☐ A. En el Balance de situación.
- ☐ B. En la Memoria.
- ☐ C. En la Cuenta de pérdidas y ganancias.
- ☐ D. En el Informe de gestión.

19.8. *En una operación de arrendamiento financiero el arrendatario registrará en su contabilidad:*

- ☐ A. Un activo financiero y un pasivo financiero por el mismo importe.
- ☐ B. Un activo intangible y un pasivo financiero por el mismo importe.
- ☐ C. Un activo financiero por el valor descontado de las cuotas y un pasivo financiero por aquel importe más la opción de compra.
- ☐ D. Un activo de acuerdo con su naturaleza y un pasivo financiero por el mismo importe.

19.9. *Si durante el ejercicio la empresa realiza todas sus compras y ventas al contado, se pagan todos los gastos y se cobran todos los ingresos, ¿cuál de los siguientes motivos explica que el efectivo neto generado por las actividades de explotación sea menor que la cifra de resultados del ejercicio?*

- ☐ A. La compra de un inmovilizado en régimen de arrendamiento financiero.
- ☐ B. El pago de dividendos a los accionistas.
- ☐ C. El reembolso de un préstamo sin intereses.
- ☐ D. Las subvenciones imputadas al resultado del ejercicio.

19.10. *El flujo neto de efectivo generado por actividades de inversión fue 450.000 euros y el flujo neto de efectivo aplicado en actividades de financiación ascendió a 500.000 euros. Si los saldos inicial y final de la partida "Efectivo y otros activos líquidos equivalentes" eran 65.000 y 45.000 euros, respectivamente, ¿cuál fue el flujo neto de efectivo generado por actividades de explotación?*

☐ A. 20.000 euros. ☐ B. 25.000 euros. ☐ C. 30.000 euros. ☐ D. 70.000 euros.

19.11. *Analice la siguiente información y suponga que durante el ejercicio sólo se realizó una operación que afectó al saldo de la cuenta de Maquinaria, consistente en la venta de una vieja máquina sin beneficio ni pérdida. ¿Cuál fue el importe cobrado por dicha venta?*

Maquinaria, saldo inicial	*114.000*
Maquinaria, saldo final	*100.000*
Amortización acumulada de maquinaria, saldo inicial	*60.000*
Amortización acumulada de maquinaria, saldo final	*64.000*
Amortización de maquinaria, dotación del ejercicio	*15.000*

☐ A. 3.000 euros. ☐ B. 11.000 euros. ☐ C. 14.000 euros. ☐ D. 15.000 euros.

19.**12.** *FLOW, S.A. presenta el siguiente Estado de resultados correspondiente al ejercicio terminado el 31 de diciembre de 20X8:*

Ventas de mercaderías	*30.000*
Consumo de mercaderías	*(15.000)*
Margen bruto	*15.000*
Beneficio por venta de inmovilizado	*7.500*
Amortización	*(3.000)*
Otros gastos de explotación	*(1.500)*
Resultado del ejercicio	*18.000*

Si el resultado de esta sociedad no está gravado por impuesto alguno y su capital circulante o corriente ascendía a 4.000 y 5.000 euros al 31 de diciembre de 20X7 y 20X8, respectivamente, ¿a qué cifra asciende el flujo neto de efectivo generado por las actividades de explotación?

☐ A. 12.500 euros. ☐ B. 13.500 euros. ☐ C. 14.500 euros. ☐ D. Otra cifra.

CASO PRÁCTICO GRINSA

Enunciado

La empresa industrial GRINSA, que fabrica y vende un único producto, presentó la siguiente información en las cuentas anuales del ejercicio terminado el 31 de diciembre de 20X1 (cifras en euros):

ACTIVO	20X1	20X0	PATRIMONIO NETO Y PASIVO	20X1	20X0
Edificios	75.000	75.000	Capital social	100.000	100.000
Maquinaria	18.000	18.500	Reservas	17.000	14.000
Mobiliario	10.000	8.000	Préstamo a largo plazo	50.000	55.000
Amort. acum. inmov. material	(10.000)	(7.000)	Proveedores	8.000	3.800
Participaciones en empresas del grupo a largo plazo	37.000	41.500	Hacienda Pública, acreedora por conceptos fiscales	5.000	3.800
Productos terminados	9.500	8.000	Resultado del ejercicio	10.500	7.840
Productos en curso	5.500	1.000			
Materias primas	8.000	9.000			
Clientes	25.000	22.500			
Efectivo	12.500	7.940			
Total Activo	190.500	184.440	Total Patrimonio neto y Pasivo	190.500	184.440

Cuentas de resultados:

PARTIDAS	20X1	20X0
Ventas de productos terminados	800.800	640.000
Coste de ventas	700.800	558.000
Margen bruto	100.000	82.000
Gastos de venta	40.000	32.000
Gastos de administración	26.000	23.800
Gastos financieros	19.000	15.000
Impuesto sobre beneficios	4.500	3.360
Resultado del ejercicio	10.500	7.840

Se sabe, además, que el precio unitario de venta fue 26 euros en 20X1 y 25 euros en 20X0.

❍ SE PIDE:

Conteste las seis preguntas que se plantean seguidamente.

19.13. *[GRINSA] El método utilizado por esta sociedad para clasificar los gastos en el Estado de resultados:*

- ☐ A. Es el método utilizado por el vigente Plan General de Contabilidad.
- ☐ B. Se denomina "método de clasificación por naturaleza".
- ☐ C. Se denomina "método de clasificación por función".
- ☐ D. Es el método recomendado por el IASB.

19.14. *[GRINSA] Comparando 20X1 con 20X0 puede afirmarse que:*

- ☐ A. El número de unidades vendidas disminuyó ligeramente.
- ☐ B. El coste de venta unitario disminuyó en más de un 10%.
- ☐ C. Las ventas aumentaron en un porcentaje mayor que el coste de ventas.
- ☐ D. Tanto las ventas como el coste de ventas aumentaron en más de un 25%.

19.15. *[GRINSA] ¿Cuál fue el efecto del denominado "factor volumen" en la variación de la cifra de ventas?*

☐ A. 113.360 euros. ☐ B. 130.000 euros. ☐ C. 135.200 euros. ☐ D. 160.800 euros.

19.16. *[GRINSA] ¿Cuál fue el efecto del denominado 'factor coste' en la variación del coste de ventas? (Cifras redondeadas.)*

☐ A. 24.320 euros. ☐ B. 26.600 euros. ☐ C. 29.260 euros. ☐ D. 142.800 euros.

19.17. *[GRINSA] El tipo impositivo en ambos ejercicios fue:*

☐ A. 25% ☐ B. 30% ☐ C. 35% D. 42,86%

19.18. *[GRINSA] El apalancamiento financiero fue (calcule la rentabilidad económica con respecto al activo total en la fecha de cierre de cada ejercicio):*

- ☐ A. Favorable en 20X0 y desfavorable en 20X1.
- ☐ B. Favorable en 20X1 y desfavorable en 20X0.
- ☐ C. Favorable en ambos ejercicios.
- ☐ D. Desfavorable en ambos ejercicios.

[Fin del CASO PRÁCTICO]

19.19. *Si en un momento en que el capital circulante asciende a 45.000 euros la sociedad obtiene un préstamo de un importe de 55.000 euros, a devolver a largo plazo, el ratio de circulante:*

☐ A. Disminuye. ☐ B. No varía. ☐ C. Aumenta. ☐ D. Pasa a ser menor que 1.

19.20. *Calcule la tasa de rentabilidad financiera del año 20X2, utilizando toda la información disponible:*

	Año 20X3	*Año 20X2*	*Año 20X1*
Total activos	*90.000*	*98.000*	*58.000*
Total pasivos	*30.000*	*40.000*	*5.000*
Ventas netas	*96.000*	*80.000*	*40.000*
Resultado del ejercicio	*30.000*	*21.000*	*8.000*

☐ A. 26,92% ☐ B. 36,20% ☐ C. 37,84% ☐ D. 39,62%

Soluciones Prueba n.º 1

1	2	3	4	5	6	7	8	9	10	11	12	13	14	15	16	17	18	19	20
D	B	B	D	A	C	B	C	A	A	B	C	B	D	C	B	C	C	B	B

Notas aclaratorias:

5. Cálculos:

Porcentaje realizado: 4.000 / (4.000 + 8.000) = 1/3
Beneficio del año X1: 1/3 × (15.000 − 12.000) − 750 = 250 u.m.

6. Cálculos:

Resultado total: 18.000 − 20.000 = − 2.000 (pérdida)
Resultado año X1: 2.000 + 500 = 2.500 (pérdida)

7. Cálculos:

Porcentaje realizado: 5.000 / (5.000 + 5.000) = 50%
Beneficio año X1: 0,50 × (12.000 − 10.000) = 1.000 u.m.

8. Valoración correcta:

Materiales	15.000
Costes del personal de producción	10.000
Costes indirectos de producción	15.000
Costes financieros (12.000 × 0,015 × 4)	720
Total	40.720

11. Recursos procedentes de la explotación o de las operaciones:

Resultado del ejercicio + Dotación del ejercicio por amortizaciones = 2.450 + + 550 = 3.000 u.m.

12. Importe cobrado de clientes durante 20X1:

Ventas netas de mercaderías − Aumento del crédito a clientes = 26.865 − 1.865 = = 25.000 u.m.

Importe pagado a proveedores durante 20X1:

Compras netas de mercaderías − Aumento de la deuda con proveedores = = 18.800 − 1.200 = 17.600 u.m.

13. El importe total cobrado de clientes durante el año se calcula así:

	Clientes, saldo deudor al 1 de enero	80.000
Menos:	Saldos cancelados durante el año	(10.000)
		70.000
Más:	Ingresos por ventas anuales	600.000
		670.000
Menos:	Clientes, saldo deudor al 31 de diciembre	(75.000)
	Importe total cobrado durante el año	595.000

Nota: En cuanto al Deterioro de valor de créditos comerciales, y considerando la información que se proporciona en el propio enunciado —y no otros posibles tratamientos alternativos—, ha de interpretarse que se dotó aplicando el sistema de dotación global, que no requiere reclasificar el importe del mismo en Clientes de dudoso cobro (sistema individualizado). En este caso, el enunciado tendría que haber explicitado la existencia de este saldo al 31 de diciembre, pero nada se dice al respecto.

15. Ilustración mediante un ejemplo numérico. Siendo: Activo circulante = 200.000 u.m. (importe que incluye Tesorería por 120.000 u.m.) y Pasivo circulante = = 100.000 u.m., ambos ratios después de la operación indicada aumentan permaneciendo constante la cifra de capital circulante. En efecto:

Capital circulante: (200.000 − 50.000) − (100.000 − 50.000) = 100.000 u.m.
Ratio de circulante: (200.000 − 50.000) / (100.000 − 50.000) = 3
Ratio de tesorería: (120.000 − 50.000) / (100.000 − 50.000) = 1,4

16. Dividendo pagado el 1 de enero del año X5:

Resultado año X4 − Incremento de Reservas = 280 − (440 − 290) = 130 u.m.

17. Rentabilidad financiera del año X5 (*Rf*):

Resultado del año X4 no distribuido = Incremento de reservas: 440 − 290 = 150 u.m.
Fondos propios al 1-1-X5: 1.000 + 290 + 150 = 1.440 u.m.
Fondos propios al 31-12-X5 (excluido el resultado de X5): 1.000 + 440 = 1.440 u.m.
Fondos propios medios: 1.440 u.m.
Rf = (294 / 1.440) × 100 = 20,42%

18. Rentabilidad económica del año X5 (*Re*):

Activo total promedio: (2.870 + 3.344) / 2 = 3.102
Tipo impositivo: (126 / 420) × 100 = 30%
Gastos financieros netos: 200 (1 − 0,30) = 140 u.m.
Re = [(294 + 140) / 3.102] × 100 = 13,99%

Nótese que no existen pasivos circulantes sin coste. En consecuencia, la rentabilidad del activo total promedio coincide con la variante de este ratio denominada "rentabilidad de los fondos totales" (Fondos totales = Fondos propios + Pasivo ajeno remunerable).

19. Coste financiero (i), neto del efecto impositivo, del año X5:

Gastos financieros netos: 200 (1 − 0,30) = 140 u.m.
Pasivo remunerable promedio: (1.300 + 1.600) / 2 = 1.450 u.m.
i = (140 / 1.450) × 100 = 9,66%

20. Rotación del activo en el año X5:

Activo total promedio: (2.870 + 3.344) / 2 = 3.102
Rotación: 2.050 / 3.102 = 0,66 veces

Soluciones Prueba n.º 2

1	2	3	4	5	6	7	8	9	10	11	12	13	14	15	16	17	18	19	20
D	A	B	B	A	B	C	B	B	B	C	C	D	B	C	C	D	D	B	D

Notas aclaratorias:

CASO PRÁCTICO PYRSA

Preguntas 5 a 10

Balance de situación clasificado al 31-12-20X5:

ACTIVO		PASIVO	
Activo fijo	**50.000**	**Fondos propios**	**48.200**
Terrenos	27.500	Capital social	20.000
Edificios	36.000	Prima de emisión de acciones	12.200
Amortización acumulada edificios	(13.500)	Reservas	15.000
		Resultado del ejercicio	5.000
Activo circulante	**30.000**	Dividendo activo a cuenta	(4.000)
Existencias de mercaderías	16.000		
Clientes y efectos a cobrar	7.000	**Acreedores a largo plazo**	**19.800**
Provisión para insolvencias	(400)	Préstamo a largo plazo	19.800
Gastos anticipados	1.400		
Caja y Bancos	6.000	**Pasivo circulante**	**12.000**
		Proveedores y efectos a pagar	8.400
		Remuneraciones pendientes de pago	1.600
		Anticipos de clientes	2.000
Total Activo	**80.000**	**Total Pasivo**	**80.000**

5. Ratio de circulante:

(30.000 − 2.000) / (12.000 − 2.000) = 2,80

6. Prueba del ácido:

(30.000 − 2.000 − 16.000 − 1.400) / (12.000 − 2.000) = 1,06

7. Antigüedad del edificio:

Valor amortizable: 36.000 − 6.000 = 30.000 u.m.
Cuota anual: 30.000 / 20 = 1.500 u.m.
Años de amortización: 13.500 / 1.500 = 9 años

8. Valor teórico de la acción:

Fondos propios / Número de acciones = 48.200 / 200 = 241 u.m.

9. Inventario inicial de mercaderías:

Coste de ventas: 90.000 / 1,20 = 75.000 u.m.
Existencias medias: 75.000 / 5 = 15.000 u.m.

15.000 = (*Ei* + 16.000) / 2 → *Ei* = 30.000 − 16.000 = 14.000 u.m.

10. Importe pagado al personal durante el año 20X5:

21.000 + 1.400 − 1.600 = 20.800 u.m.

11. Ratio de endeudamiento total:

Fondos ajenos / Fondos propios = (100.000 / 100.000) × 100 = 100%

12. Efecto sobre el resultado líquido del ejercicio de las dos circunstancias indicadas:

Reducción de los gastos contabilizados en 100.000 u.m.	+100.000
Reducción del coste de ventas en 120.000 u.m.	+120.000
Efecto total	+220.000

13. Cálculo de las cuotas de amortización anuales y valor contable al final de cada año:

Año X1	Compra	24.000
Año X1	Amortización del año X1 (0,20 × 24.000) . . .	(4.800)
31-12-X1	Valor contable	19.200
Año X2	Amortización del año X2 (0,20 × 19.200) . . .	(3.840)
31-12-X2	Valor contable	15.360
Año X3	Amortización del año X3 (0,20 × 15.360) . . .	(3.072)
31-12-X3	Valor contable	12.288

Resultado de la venta: 12.000 − 12.288 = 288 (pérdida).

14. Cálculo del coste de los productos terminados:

Compras netas de materias primas	112.000
Transporte de compras de materias primas	3.000
Disminución el inventario de materias primas	8.000
Materias primas consumidas	123.000
Mano de obra directa	42.000
Costes indirectos de fabricación	27.000
Coste de producción	192.000
Menos: Aumento de la producción en curso	(10.000)
Coste de los productos terminados	182.000

15. Secuencia de cálculos:

Porcentaje de terminación al 31-12-20X0: (400.000 / 4.000.000) × 100 = 10%
Beneficio imputado al ejercicio 20X0: 0,10 × (6.000.000 − 4.000.000) = 200.000 u.m.
Porcentaje de terminación al 31-12-20X1: (2.200.000 / 4.400.000) × 100 = 50%
Beneficio imputado al ejercicio 20X1: 0,50 × (6.000.000 − 4.400.000) − 200.000 =
= 600.000 u.m.

16. Ratios de circulante y de tesorería, antes y después de la operación:

	Antes de la operación	Después de la operación
Ratio de circulante	$\dfrac{2.000.000}{1.200.000} = 1,66$	$\dfrac{2.000.000 - 600.000}{1.200.000 - 600.000} = 2,33$
Ratio de tesorería	$\dfrac{1.000.000}{1.200.000} = 0,83$	$\dfrac{1.000.000 - 600.000}{1.200.000 - 600.000} = 0,66$

Soluciones Prueba n.º 3

1	2	3	4	5	6	7	8	9	10	11	12	13	14	15	16	17	18	19	20
A	B	D	B	A	A	B	C	D	A	D	C	B	A	B	A	A	B	B	D

Notas aclaratorias:

4. La dotación por amortización de las instalaciones debió ser 350.000 u.m. (0,10 × × 3.500.000), por lo que el Coste de producción del ejercicio se ha sobrevalorado en 50.000 u.m. (400.000 − 350.000), resultando afectadas dos magnitudes: el coste de la producción terminada y vendida en el ejercicio, y el inventario final de productos terminados.

Teniendo en cuenta que se aplica el método FIFO y que no hay inventarios de producción en curso, el coste de las existencias finales de productos terminados calculado por la sociedad asciende a:

$$Ei + CP - CV = 100.000 + 2.100.000 - 1.990.000 = 210.000 \text{ u.m.}$$

y el coste asignado a los productos terminados y vendidos en el ejercicio es:

$$CP - Ef = 2.100.000 - 210.000 = 1.890.000 \text{ u.m.}$$

que también puede calcularse así:

$$CV - Ei = 1.990.000 - 100.000 = 1.890.000 \text{ u.m.}$$

Y el exceso de amortización computada afecta a ambas magnitudes, en proporción a sus importes.

El reparto que procede y las cifras ajustadas se presentan en la siguiente tabla.

Cuentas	Importes registrados	%	Ajuste	Importes ajustados
Coste de ventas	1.890.000	90	45.000	1.845.000
Inventario final de productos terminados	210.000	10	5.000	**205.000**
	2.100.000		50.000	2.050.000

Ajuste global en formato de asiento:

50.000	*Amortización acumulada instalaciones*			
		a	*Resultado del ejercicio (Coste de ventas)*	45.000
		a	*Productos terminados*	5.000

5. Cálculos:

Coste de la mercancía vendida = 80.000 − 20.000 = 60.000 u.m.

Ingresos por ventas de mercaderías = 60.000 + 0,50 × 60.000 = 90.000 u.m.

Saldo de Clientes al 31 de diciembre = 90.000 − 50.000 = 40.000 u.m.

6. Valor contable de la maquinaria vendida:

Coste − Amortización acumulada = 23.000 − 14.700 = 8.300 u.m.

7. El precio cobrado por las instalaciones vendidas se calcula así:

Valor contable + Beneficio = (23.000 − 14.700) + 4.400 = 12.700 u.m.

9. Cálculo por los métodos directo e indirecto.

a) Método directo:

Ingresos cobrados		500.000
Gastos pagados		(250.000)
Total gastos	300.000	
Menos (gastos no pagados):		
Dotación por amortizaciones	(35.000)	
Impuesto sobre beneficios	(15.000)	
Efectivo neto generado por las operaciones		250.000

b) Método indirecto:

Resultado del ejercicio	200.000
Más (gastos no pagados):	
Dotación por amortizaciones	35.000
Impuesto sobre beneficios	15.000
Efectivo neto generado por las operaciones	250.000

10. Cálculo:

Ingresos cobrados		127.500
Total ingresos	150.000	
Menos: Incremento de las cuentas a cobrar de clientes	(22.500)	
Gastos pagados		(75.000)
Total gastos	90.000	
Menos: Dotación de amortizaciones	(15.000)	
Efectivo neto por actividades de explotación		52.500

11. Si en la situación inicial el activo circulante ascendía a 200.000 u.m. y el pasivo circulante a 100.000 u.m., el ratio era 2. Y si se cancela en efectivo la deuda de un proveedor por 50.000 u.m. el ratio de circulante después de esta operación será: 150.000 / 50.000 = 3.

13. Cálculo de las magnitudes que se relacionan:

Deudas totales = 30.450 + 45.000 = 75.450 u.m.

Fondos propios = 210.250 − 75.450 = 134.800 u.m.

Ratio de endeudamiento total = 75.450 / 134.800 = 0,5597 ≅ 56%

14. Dividendo pagado en el año X2 con cargo a resultados del año X1:

Resultado año X1 − Aumento del Capital social − Aumento de reservas =
= 40.000 − 20.000 − 10.000 = 10.000 u.m.

15. Ratio de circulante al 31-12-X2:

Activo circulante = Total activo − Inmovilizado neto = 600.000 − 416.000 = = 184.000 u.m.

Pasivo circulante = Proveedores + Dividendo acordado = 40.000 + 20.000 = = 60.000 u.m.

Ratio de circulante = 184.000 / 60.000 ≅ 3,07

16. Prueba ácida al 31-12-X2 (siendo *AC* = Activo circulante):

Numerador = *AC* − Existencias − Gastos anticipados =
= 184.000 − 44.000 − 10.000 = 130.000 u.m.

Denominador = Pasivo circulante = 60.000 u.m.

Ratio = 130.000 / 60.000 ≅ 2,17

17. Plazo medio de cobro a clientes en el año X2. Directamente:

$$\frac{0,5 \times (20.000 + 40.000)}{240.000} \times 360 = 45 \text{ días}$$

O bien, calculando previamente la rotación de las cuentas a cobrar:

$$\frac{240.000}{0,5 \times (20.000 + 40.000)} = 8 \text{ veces}$$

el plazo medio de cobro es igual a: 360 / 8 = 45 días.

18. Rotación del inventario de existencias:

$$\frac{\text{Coste de ventas}}{\text{Existencias medias}} = \frac{100.000 - 4.000}{0,5 \times (40.000 + 44.000)} = \frac{96.000}{42.000} \cong 2,29 \text{ veces}$$

19. Tasa de rentabilidad financiera del año X2:

	Fondos propios al 31-12-X2	Fondos propios al 31-12-X1
Capital social	180.000	160.000
Reservas	30.000	20.000
Pérdidas y ganancias	50.000	40.000
Total	260.000	220.000

Fondos propios medios = 0,5 × (220.000 + 260.000) = 240.000 u.m.

$$\frac{\text{Resultado líquido}}{\text{Fondos propios medios}} \times 100 = \frac{50.000}{240.000} \times 100 \cong 20,83\%$$

20. Rentabilidad fondos totales (fondos propios + fondos ajenos remunerables) del año X2:

	Fondos totales al 31-12-X2	**Fondos totales al 31-12-X1**
Fondos propios	260.000	220.000
Fondos ajenos remunerables (empréstito de obligaciones)	300.000	300.000
Total	560.000	520.000

Fondos totales medios = 0,5 × (520.000 + 560.000) = 540.000 u.m.

Resultado antes de impuestos = 240.000 − 100.000 + 4.000 − 15.000 − 66.500 = = 62.500 u.m.

Tipo impositivo = (12.500 / 62.500) × 100 = 20%

$$\frac{\text{Resultado líquido} + \text{Gastos financieros netos}}{\text{Fondos totales medios}} \times 100 =$$

$$= \frac{50.000 + 15.000\ (1 - 0{,}20)}{540.000} \times 100 \cong 11{,}48\%$$

Soluciones Prueba n.º 4

1	2	3	4	5	6	7	8	9	10	11	12	13	14	15	16	17	18	19	20
D	A	A	C	A	C	D	C	B	A	A	C	D	D	B	C	D	B	C	D

Notas aclaratorias:

1. En épocas inflacionistas el uso del método FIFO, en comparación con el LIFO, infravalora el coste de ventas —incrementando así el margen bruto— y sobrevalora las existencias finales. Por tanto, al aplicar el método FIFO el gasto por el impuesto sobre beneficios será superior al que se hubiese resultado si se emplease el LIFO.

2. El porcentaje de fallidos por las ventas de los años 20X1 y 20X2 fue:

$$t = \frac{350 + 350 + 300 + 250}{12.000 + 13.000} \times 100 = \frac{1.250}{25.000} \times 100 = 5\%$$

Luego la provisión que debería dotarse, al formular las cuentas anuales del año 20X3, será igual al importe que resulte de aplicar este porcentaje a las ventas de dicho año menos el montante de los saldos ya cancelados. Cálculo:

$$0{,}05 \times 15.000 - 100 = 750 - 100 = 650 \text{ u.m.}$$

3. Cálculo del resultado producido por la venta:

Valor amortizable = 44.000 − 2.000 = 42.000 u.m.
Cuota anual = 42.000 / 7 = 6.000 u.m.
Años amortizados = 4 (esto es, 20X0, 20X1, 20X2 y 20X3)
Valor neto contable = 44.000 − 4 × 6.000 = 20.000 u.m.
Resultado = 18.000 − 20.000 = − 2.000 u.m. (pérdida)

4. Con la información facilitada, para calcular la cifra de ventas a crédito reconstruiremos el resumen de los movimientos de la cuenta de Clientes:

Debe		Clientes y efectos comerciales a cobrar	Haber
Saldo inicial	4.800	Cobros del año	130.800
Ventas a crédito	131.400	Saldo final	5.400
	136.200		136.200

Ventas totales = 131.400 + 23.200 = 154.600 u.m.

Y para calcular la cifra de compras reconstruimos los movimientos de la cuenta de Proveedores:

Debe		Proveedores y efectos comerciales a pagar	Haber
Pagos del año	93.200	Saldo inicial	6.380
Saldo final	5.900	*Compras a crédito*	92.720
	99.100		99.100

Coste de ventas = 10.300 + 92.720 − 10.600 = 92.420 u.m.
Margen bruto = 154.600 − 92.420 = 62.180 u.m.

5. En el Estado de flujos de efectivo, aunque algunos autores defienden otras alternativas, los ingresos financieros por dividendos cobrados en el ejercicio suelen figurar en la sección de cobros por actividades de explotación.

6. Siendo *C* el coste de la máquina vendida y *A* la amortización acumulada, se cumplirá (suma de cargos igual a suma de abonos):

$$800.000 + 100.000 = C + 850.000 \rightarrow C = 50.000 \text{ u.m.}$$
$$225.000 + A = 200.000 + 40.000 \rightarrow A = 15.000 \text{ u.m.}$$

Y el precio de venta es igual al valor neto contable más el beneficio obtenido. Cálculo:

$$(50.000 - 15.000) + 10.000 = 45.000 \text{ u.m.}$$

7. El signo de la variación del ratio de circulante inicial dependerá de su valor en ese momento. Si fuese inferior a la unidad aumentará, si fuese superior disminuirá y si era igual a la unidad mantendrá este valor. Ejemplo ilustrativo suponiendo una compra a crédito de 100 u.m.:

	Ratio inicial	Ratio después de la operación
a)	300 / 500 = 0,60	(300 + 100) / (500 + 100) = 0,67
b)	750 / 500 = 1,50	(750 + 100) / (500 + 100) = 1,42
c)	500 / 500 = 1	(500 + 100) / (500 + 100) = 1

8. El resultado antes de impuestos (*RAT*) fue:

$$RAT - 0{,}25 \times RAT = 900.000 \rightarrow RAT = 1.200.000 \text{ u.m.}$$

Y para calcular los gastos financieros del ejercicio (*Gf*) sustituimos valores en la fórmula de este ratio de cobertura:

$$4{,}5 = \frac{1.200.000 + Gf}{Gf}$$

de donde: *Gf* = 342.857 u.m., redondeando.

9. Secuencia de cálculos para determinar el margen bruto:

Existencias medias = (50.000 + 70.000) / 2 = 60.000 u.m.
Coste de ventas = 10 × 60.000 = 600.000 u.m.
Ventas netas = 600.000 / (1 − 0,25) = 800.000 u.m.
Margen bruto = 800.000 − 600.000 = 200.000 u.m.

10. Cálculos:

Resultado líquido = 250.000 − 0,20 × 250.000 = 200.000 u.m.
Tasa de rentabilidad financiera:

$$Rf = \frac{200.000}{2.000.000} \times 100 = 10\%$$

11. El ratio de endeudamiento es el cociente entre los fondos ajenos o pasivo exigible total y los fondos propios. Si este ratio es el 0,6 por uno o el 60%, significa que por cada 160 u.m. de pasivo, 100 u.m. son fondos propios y 60 u.m. fondos ajenos. Luego el porcentaje que éstos representan respecto al pasivo total puede calcularse del siguiente modo:

$$t = \frac{60}{100 + 60} \times 100 = 37{,}5\%$$

12. Secuencia de cálculos:

Resultado líquido (*RL*) = 0,10 × 10.000.000 = 1.000.000 u.m.

Resultado antes de intereses e impuestos (*RAIT*) [al no haber endeudamiento tampoco habrá gastos financieros]:

$$RAIT - 0{,}40 \times RAIT = 1.000.000 \rightarrow RAIT = 1.666.667 \text{ euros}$$

13. Secuencia de cálculos:

Fondos totales = Fondos propios + Fondos ajenos = 14.000.000 + 2.000.000 = = 16.000.000 euros

Gastos financieros = 0,05 × 2.000.000 = 100.000 euros

Para calcular el resultado líquido sustituimos valores en la fórmula de la tasa de rentabilidad económica o de los fondos totales:

$$0{,}10 = \frac{RL + 100.000\,(1 - 0{,}40)}{16.000.000}$$

de donde: *RL* = 1.540.000 u.m.

Resultado antes de impuestos = 1.540.000 / (1 − 0,40) = 2.566.667 euros

Resultado antes de intereses e impuestos = 2.566.667 + 100.000 = 2.666.667 euros

14. Secuencia de cálculos:

Fondos totales = Fondos propios + Fondos ajenos = 10.000.000 + 6.000.000 = = 16.000.000 euros

Gastos financieros = 0,06 × 6.000.000 = 360.000 euros

Para calcular el resultado líquido sustituimos valores en la fórmula de la tasa de rentabilidad económica o de los fondos totales:

$$0{,}10 = \frac{RL + 360.000\,(1 - 0{,}40)}{16.000.000}$$

de donde: *RL* = 1.384.000 u.m.

Resultado antes de impuestos = 1.384.000 / (1 − 0,40) = 2.306.667 euros

Resultado antes de intereses e impuestos = 2.306.667 + 360.000 = 2.666.667 euros

15. Cálculo de la tasa de rentabilidad financiera según la alternativa a):

$$Rf = \frac{1.540.000}{10.000.000 + 4.000.000} \times 100 = 11\%$$

16. Cálculo de la tasa de rentabilidad financiera según la alternativa b):

$$Rf = \frac{1.384.000}{10.000.000 + 0} \times 100 = 13{,}84\%$$

17. Activo total:

Pasivo circulante = 1,2 × 1.000.000 = 1.200.000 u.m.
Total Activo = Total Pasivo = 1.000.000 + 1.200.000 = 2.200.000 u.m.

18. Saldo de las cuentas a cobrar de clientes:

Ventas = 2,1 × 2.200.000 = 4.620.000 u.m.
Rotación de clientes = 360 / 30 = 12 veces
Saldo de clientes = 4.620.000 / 12 = 385.000 u.m.

19. Cálculo del ratio de circulante:

Coste de ventas = 0,80 × 4.620.000 = 3.696.000 u.m.
Inventario de mercaderías = 3.696.000 / 6 = 616.000 u.m.
Tesorería = 0,6 × 1.200.000 = 720.000 u.m.
Activo circulante = 385.000 + 616.000 + 720.000 = 1.721.000 u.m.

$$\text{Ratio de circulante} = \frac{1.721.000}{1.200.000} = 1{,}43$$

20. Tasa de rentabilidad financiera:

Resultado del ejercicio = Margen bruto + Otros ingresos − Otros gastos =
= 924.000 + 126.000 − 790.000 = 260.000 u.m.

Fondos propios = 1.000.000 u.m.

$$\text{Rentabilidad financiera} = \frac{260.000}{1.000.000} \times 100 = 26\%$$

Soluciones Prueba n.º 5

1	2	3	4	5	6	7	8	9	10	11	12	13	14	15	16	17	18	19	20
C	C	C	B	C	D	A	B	D	B	A	B	B	A	C	C	D	D	B	A

Notas aclaratorias:

6. Cálculos, asientos y ajuste:

- Cálculos:

  Amortización anual: 0,10 × 40.000 = 4.000 euros

  Amortización acumulada al 1-10-20X7: 4 × 4.000 + 9/12 × 4.000 = 19.000 euros

  Resultado de la venta: 15.000 − (40.000 − 19.000) = −6.000 euros (pérdida)

- Asiento que se hizo:

15.000	Caja	a	Elementos de transporte	15.000

- Asientos que debieron hacerse:

3.000	Gastos de amortización	a	Amortización acumulada	3.000
15.000	Caja			
19.000	Amortización acumulada			
6.000	Pérdida por venta de inmovilizado	a	Elementos de transporte	40.000

- Ajuste que procede realizar en cuentas de balance:

9.000	*Resultado del ejercicio*			
16.000	*Amortización acumulada*	*a*	*Elementos de transporte*	25.000

El cargo en la cuenta de Resultado del ejercicio incluye la amortización correspondiente a los nueve primeros meses del año 20X7 (3.000 euros) y la pérdida por la venta de inmovilizado (6.000 euros).

7. El ajuste correcto es el propuesto en la alternativa A. En efecto, después de tal ajuste el saldo de la cuenta abierta con aquel proveedor será: 50.000 (D) − − 18.200 (H) = 31.800 (deudor).

8. El ajuste correcto es el recogido en la respuesta B. Por tratarse de la dotación de una provisión genérica o global, no procede efectuar la reclasificación que se realiza en la alternativa C.

9. Gasto imputable al año 20X7: 7/12 × 12.000 = 7.000 euros. Prima correspondiente al año 20X8, pagada por anticipado: 5/12 × 12.000 = 5.000 euros.

10. El coste de ventas correcto es: 200.000 + 1.800.000 − 180.000 = 1.820.000 euros. En consecuencia, tanto el resultado del ejercicio como el coste del inventario final se infravaloraron en 80.000 euros (1.900.000 − 1.820.000). Para corregir este error debe realizarse el ajuste que se propone en la respuesta B.

11. Cálculo: 45.000 + 430.000 − 48.000 = 427.000 euros

12. Cálculos:

Compras del ejercicio: 190.000 + 22.000 − 14.000 = 198.000 euros
Pagos a proveedores: 198.000 − 3.000 = 195.000 euros

13. Cálculo: 14.000 + X − 9.000 = 24.000 → X = 19.000 euros

14. Efectivo neto generado por actividades de inversión: 23.000 + X − 15.000 = = 22.000 → X = 14.000 euros

15. Cálculos:

Amortización acumulada del equipo vendido: 6.000 − 1.000 = 5.000 euros
Amortización del ejercicio: 33.000 − 24.000 + 5.000 = 14.000 euros

16. Cálculos:

Resultado antes de impuestos: 5.870 − 4.681 = 1.189 miles de euros
Tipo impositivo efectivo: (387 / 1.189) × 100 = 32,5%

17. Secuencia de cálculos:

	20X4	20X5
Ventas de mercaderías	14.400	17.000
Coste de ventas:		
Año 20X4 [11.600 + 200 (disminución del inventario)]	(11.800)	
Año 20X5 [13.300 − 700 (aumento del inventario)] . . .		(12.600)
Margen bruto	2.600	4.400

Incremento del margen bruto: 4.400 − 2.600 = 1.800 miles de euros

18. Cálculos:

Impuesto sobre beneficios: 2.500 − 2.000 = 500 euros
Tipo impositivo efectivo: (500 / 2.500) × 100 = 20%
Coste del préstamo neto de impuestos: 260.000 − 0,20 × 260.000 = 208.000 euros

19. Cálculos:

Activo circulante: 2.000 + 1.600 + 820 = 4.420 euros
Pasivo circulante: 260 + 620 + 800 = 1.680 euros
Ratio de circulante: 4.420 / 1.680 = 2,63

20. La fórmula más correcta es la recogida en la respuesta A, pues es la única que promedia los fondos propios empleados en el intervalo temporal cuya rentabilidad se pretende medir.

Soluciones Prueba n.º 6

1	2	3	4	5	6	7	8	9	10	11	12	13	14	15	16	17	18	19	20
C	B	D	B	B	C	A	B	D	B	C	B	C	A	C	C	C	A	B	D

Notas aclaratorias:

4. Coste de la producción terminada = Coste de producción del período + Producción en curso, saldo inicial − Producción en curso, saldo final = 792.000 + + 240.000 − 350.000 = 682.000 euros

5. Dividendo del ejercicio 20X1: 0,10 × 10.000 = 1.000 euros

6. Las reservas constituidas al término del año 20X2, con origen en resultados obtenidos y no distribuidos, será la suma de las dotaciones efectuadas en los años 20X1 y 20X2. Cálculos:

Resultados retenidos con origen en el ejercicio 20X1		2.200
Resultado líquido	3.200	
Menos:		
Dividendo del ejercicio (0,10 × 10.000)	(1.000)	
Resultados retenidos con origen en el ejercicio 20X2		2.100
Resultado antes de impuestos	4.600	
Menos:		
Impuesto sobre beneficios	(500)	
Dividendo del ejercicio (0,20 × 10.000)	(2.000)	
Resultados retenidos al 31-12-20X2		4.300

7. Cálculos:

Saldo medio de clientes del ejercicio 20X2: (4.000 + 4.500) / 2 = 4.250 euros
Plazo medio de cobro a clientes: (4.250 / 37.000) × 365 = 42 días

8. Cálculo del saldo de Proveedores al 31-12-20X2 y 31-12-20X3:

	31-12-20X2	31-12-20X3
Pasivo circulante	6.000	4.300
Menos:		
Impuesto sobre beneficios	(500)	(600)
Dividendos a pagar	(2.000)	(500)
Saldo de Proveedores	3.500	3.200

Saldo medio de proveedores en el año 20X3: (3.500 + 3.200) / 2 = 3.350 euros
Plazo medio de pago a proveedores: (3.350 / 28.000) × 365 = 44 días

9. El descuento por pronto pago habría reducido el resultado antes de impuestos y, en consecuencia, el impuesto sobre beneficios y el resultado del ejercicio. La operación habría reducido igualmente tanto el ratio de circulante como la prueba del ácido. Comprobación:

Saldo de Clientes después de la operación: 0,50 × 5.200 = 2.600 euros
Saldo de Tesorería después de la operación: 710 + 0,96 × 2.600 = 3.206 euros

	Antes de la operación	Después de la operación
Ratio de circulante ...	$\frac{4.690 + 5.200 + 710}{4.300} = 2{,}46$	$\frac{4.690 + 2.600 + 3.206}{4.300} = 2{,}44$
Prueba del ácido	$\frac{5.200 + 710}{4.300} = 1{,}37$	$\frac{2.600 + 3.206}{4.300} = 1{,}35$

10. Cada partida se valorará por su coste de producción o valor neto realizable, el más bajo. Por tanto:

Productos	Coste de producción	Valor neto realizable	Valoración
Tipo I	2.470 + 2.100 = 4.570	5.800 − 480 = 5.320	4.570
Tipo II	9.360 + 2.730 = 12.090	12.040 − 150 = 11.890	11.890
Tipo III	1.450 + 850 = 2.300	2.560 − 290 = 2.270	2.270
			18.730

11. La única operación incorrectamente analizada es la descrita en (iii), puesto que la reclasificación temporal de un pasivo no afecta al resultado del ejercicio.

12. Las operaciones descritas han consumido efectivo por 11.000 euros. Cálculo:

Pagado por la compra	15.000
Cobrado por la venta [2.000 (valor contable) + 2.000 (beneficio)] ...	(4.000)
Efectivo neto aplicado	11.000

13. Cálculos:

Índice de 20X1: 21.600 / 25.000 = 0,86
Índice de 20X2: 28.300 / 25.000 = 1,13

14. La proposición incorrecta es la A. En efecto, si disminuye en el mismo importe el numerador y denominador de un ratio superior a la unidad el nuevo cociente será superior al inicial.

15. Secuencia de cálculos:

Activo circulante: 2,5 × 400.000 = 1.000.000 euros
Existencias finales: 2 = (1.000.000 − *Ef*) / 400.000 → *Ef* = 200.000 euros
Coste de ventas: 3 × [(100.000 + 200.000) / 2] = 450.000 euros
Compras: 450.000 + 200.000 − 100.000 = 550.000 euros

16. La rentabilidad del activo es igual al margen global sobre ventas multiplicado por la rotación del activo.

17. Siendo: *AC* = Activo circulante y *PC* = Pasivo circulante, se cumplen las dos igualdades siguientes:

(1) *AC* / *PC* = 3

(2) (*AC* − 150.000) / *PC* = 2,25

y resolviendo este sistema de ecuaciones se obtiene: *AC* = 600.000 euros; *PC* = = 200.000 euros.

18. Siendo: *PE* = Pasivo exigible; *FP* = Fondos propios, y *PE* + *FP* = *AT* = 1.400.000, se cumple:

(1) *PE* / *FP* = 1,50

(2) *PE* + *FP* = 1.400.000

y resolviendo este sistema de ecuaciones se obtiene: *FP* = 560.000 euros; *PE* = = 840.000 euros.

19. Siendo: *PEL* = Pasivo exigible a largo plazo, se cumple:

PEL = *AT* − *FP* − *PC* = 1.400.000 − 560.000 − 200.000 = 640.000 euros

20. Se cumple la siguiente igualdad:

150.000 (Existencias) + Cuentas a cobrar + *IFT* + Tesorería = 600.000

luego, con la información disponible, no es posible calcular el importe de la tesorería.

Soluciones Prueba n.º 7

1	2	3	4	5	6	7	8	9	10	11	12	13	14	15	16	17	18	19	20
A	D	D	D	C	D	D	A	C	C	B	B	B	A	B	B	B	C	D	C

Notas aclaratorias:

8. Gastos generales del año 20X0:

Beneficio bruto − Resultado del ejercicio = 135.000 − 60.000 = 75.000 euros

9. Compras del año 20X0:

Coste de ventas = Ventas netas − Beneficio bruto = (300.000 − 4.500) − 135.000 = 160.500 euros

Compras (*C*) − Devoluciones de compras = Coste de ventas + Existencias finales − Existencias iniciales

C = 160.500 + 75.000 − 74.000 + 7.500 = 169.000 euros

10. Inventario de mercaderías al 31-12-20X1:

Existencias finales (*Ef*) = Existencias iniciales + Compras netas − Coste de ventas

Ef = 75.000 + (204.000 − 6.000) − 150.000 = 123.000 euros

11. Recursos procedentes de la explotación del ejercicio 20X1:

Resultado del ejercicio = Beneficio bruto − Gastos generales = 142.500 − 45.000 = 97.500 euros

Amortización del ejercicio = 0,20 × 45.000 = 9.000 euros

Recursos procedentes de la explotación = 97.500 + 9.000 = 106.500 euros

12. Coste o precio de adquisición de la maquinaria:

	Precio según catálogo	36.000
Menos:	Descuento por pronto pago	(3.600)
		32.400
Más:	Gastos de transporte	400
	Costes de instalación	150
	Precio de coste	32.950

Asiento para registrar la compra:

32.950	*Maquinaria*	a	*Tesorería*	32.900
		a	*Trabajos realizados para la empresa (gastos de personal)*	50

13. Si el ratio de circulante es mayor que la unidad este cociente se incrementará si el numerador y el denominador disminuyen por el mismo importe. En efecto, suponiendo que antes de producirse las operaciones descritas el activo y el pasivo circulante ascendiesen a 125.000 y 100.000 euros, respectivamente, si se liquidase un préstamo bancario a corto plazo por importe de 25.000 euros, el ratio de circulante habría aumentado y ascendería ahora a:

$$\frac{125.000 - 25.000}{100.000 - 25.000} = \frac{100.000}{75.000} = 1,33$$

14. Si el ratio de endeudamiento asciende al 40% significa que, de cada 140 u.m. de pasivo, 100 u.m. representa fondos propios y 40 u.m. recursos ajenos. Luego el porcentaje que el pasivo exigible representa respecto al pasivo total se calcula así:

$$\frac{40}{100 + 40} \times 100 = 28,57\%$$

15. Cálculo de la cifra de fondos propios:

Activo fijo neto = 50.000 / 2 = 25.000 euros
Activo total = Pasivo total = 25.000 + 10.000 = 35.000 euros
Pasivo circulante = 10.000 / 1,25 = 8.000 euros

Y siendo *X* la cifra de fondos propios, que es también el importe de los recursos ajenos a largo plazo, se cumplirá:

$$X + X + 8.000 = 35.000$$

de donde:

$$X = 13.500 \text{ euros}$$

16. Para calcular el punto muerto, expresado en número de envíos, pueden utilizarse dos procedimientos alternativos:

a) Interpretando las variaciones en costes y actividad:

Coste total del mes de julio = 5.000 − 1.000 = 4.000 euros
Coste total del mes de agosto = 7.500 − 2.200 = 5.300 euros
Coste variable de 100 envíos = 5.300 − 4.000 = 1.300 euros
Coste variable unitario = 1.300 / 100 = 13 euros
Precio de venta unitario = 5.000 / 200 = 7.500 / 300 = 25 euros

	Costes variables	**Costes fijos**
Julio	200 × 13 = 2.600 euros	4.000 − 2.600 = 1.400 euros
Agosto	300 × 13 = 3.900 euros	5.300 − 3.900 = 1.400 euros

Y para alcanzar el punto muerto será preciso realizar un número de envíos (*X*) de manera que se cubran los costes totales, esto es:

$$\text{Ingresos totales} = \text{Costes fijos} + \text{Costes variables}$$

$$25 \cdot X = 1.400 + 13 \cdot X \rightarrow X = 116,17 \approx 117 \text{ envíos}$$

b) El coste variable unitario (*Cv*) también podría calcularse resolviendo el siguiente sistema de ecuaciones (Beneficio = Ingresos totales – Costes totales):

$$1.000 = 5.000 - CF - Cv \cdot 200 \rightarrow CF = 4.000 - 200 \cdot Cv$$

$$2.200 = 7.500 - CF - Cv \cdot 300 \rightarrow CF = 5.300 - 300 \cdot Cv$$

de donde:

$$4.000 - 200 \cdot Cv = 5.300 - 300 \cdot Cv$$

$$Cv = \frac{1.300}{100} = 13 \text{ euros}$$

17. Gastos financieros (*Gf*):

Resultado líquido: $0,18 \times 5.000.000 = 900.000$ euros

Resultado antes de impuestos: $900.000 + 300.000 = 1.200.000$ euros

Tipo impositivo efectivo (*t*): $(300.000 / 1.200.000) \times 100 = 25\%$

$$\frac{900.000 + Gf\,(1 - 0,25)}{8.000.000} \times 100 = 15 \rightarrow Gf = 400.000 \text{ euros}$$

18. Cálculos:

Pasivo exigible al 31-12-20X4: $8.500 - 1.900 = 6.600$

Ratio de endeudamiento: $(6.600 / 1.900) \times 100 = 347,37\%$

19. Cálculos:

Fondos propios medios: $(1.600 + 1.900) / 2 = 1.750$

Rentabilidad financiera: $(160 / 1.750) \times 100 = 9,14\%$

20. Cálculos:

Activos totales medios: $(9.000 + 8.500) / 2 = 8.750$

Rentabilidad económica: $(160 / 8.750) \times 100 = 1,83\%$

Soluciones Prueba n.º 8

1	2	3	4	5	6	7	8	9	10	11	12	13	14	15	16	17	18	19	20
D	B	A	D	C	B	D	C	D	B	A	B	C	C	B	C	B	A	B	A

21	22	23	24	25
B	B	B	B	B

Notas aclaratorias:

6. La cuenta Deterioro de valor de participaciones en empresas a largo plazo debe presentar un saldo al 31-12-X9 igual a: 40.500 − 36.500 = 4.000 euros. Por tanto, procede minorar el saldo que presenta dicha cuenta por: 5.500 − 4.000 = 1.500 euros.

7. El saldo correcto de la cuenta Deterioro de valor de clientes, al 31-12-X9, es: 0,02 × × 790.000 = 15.800 euros. Luego procede minorar el saldo que presenta dicha partida en: 25.400 − 15.800 = 9.600 euros.

8. La sobrevaloración del inventario de mercaderías al 31-12-X8 supuso un incremento ficticio del resultado de aquel ejercicio en el mismo importe (6.000 euros). Asimismo, ambas diferencias afectan a la cuantía del resultado correspondiente al ejercicio X9 produciendo un incremento del mismo por 3.000 euros. En efecto:

Cv (ajustado) = (Ei − 6.000) + CN − (Ef − 9.000) → Cv (ajustado) = Cv + 3.000

Por tanto, para ajustar los saldos de balance referidos al 31-12-X9 procede reducir el valor de las existencias en 9.000 euros con cargo a resultados del ejercicio X8 (Reservas) por 6.000 euros y a resultados del ejercicio X9 (Resultado del ejercicio) por 3.000 euros.

9. Procede el ajuste que se propone en la respuesta D. Con él se consigue:

- Incrementar la cuenta de Maquinaria en 15.000 euros.
- Incrementar la cuenta de Amortización acumulada en 6.000 euros, por las cuotas de amortización de los años X8 y X9 que no se dotaron. Cálculo: (15.000 / 5) × 2 = 6.000 euros.
- Incrementar las Reservas (resultados del año X8) en 12.000 euros. Cálculo: 15.000 − 3.000 = 12.000 euros.
- Reducir el resultado del ejercicio corriente (año X9) por un importe igual a la cuota anual de amortización de la referida maquinaria.

10. Asiento que se hizo y asiento que debió hacerse:

ASIENTO QUE SE HIZO	ASIENTO QUE DEBIÓ HACERSE
1.500 Tesorería a Maquinaria e instalaciones 1.500	10.500 Amortización acumulada 1.500 Tesorería a Maquinaria e instalaciones 10.500 a Beneficio venta de maquinaria 1.500

Comparando los dos apuntes anteriores se desprende que procede:

- Reducir el saldo de la cuenta Amortización acumulada en 10.500 euros.
- Abonar la cuenta Maquinaria e instalaciones por 9.000 euros.
- Reconocer el resultado de la enajenación de la maquinaria, que se había omitido, por un importe igual al efectivo obtenido por dicha venta.

11. Procede eliminar la provisión para responsabilidades dotada en el ejercicio corriente, por su importe total, por considerarse improbable que prospere dicha demanda. La información sobre este riesgo, por tratarse de un pasivo contingente, se proporcionará en su caso mediante una nota en la Memoria.

12. En el ejercicio de referencia el activo fijo neto se incrementó en: 9.900.000 − − 9.100.000 = 800.000 euros. Y siendo:

Variación anual = Adquisiciones al coste − Bajas por su valor en libros − Amortización del ejercicio

800.000 = 2.000.000 − 100.000 − Amortización del ejercicio

Amortización del ejercicio = 1.100.000 euros

13. Los datos y cálculos necesarios se muestran en la siguiente tabla:

Meses	Ventas totales	Ventas a crédito (70%)	Cobrado en el mes de abril
Enero	400.000	280.000	—
Febrero	500.000	350.000	0,20 × 350.000 = 70.000
Marzo	600.000	420.000	0,60 × 420.000 = 252.000
Abril	400.000	280.000	0,30 × 400.000 = 120.000 0,20 × 280.000 = 56.000
			498.000

17. Prescindiendo de los anticipos, el importe cobrado a los clientes resultaría:

Saldo inicial + Ventas − Saldo final = 100.000 + 450.000 − 125.000 = 425.000 euros

Y ajustando esta cifra por los saldos de los anticipos recibidos de clientes (se supone que en efectivo) resulta:

425.000 − 50.000 + 60.000 = 435.000 euros

Otro procedimiento:

	Ventas anuales	450.000
(+)	Variación acreedora de la cuenta de Anticipos de clientes	10.000
(−)	Variación deudora del saldo de Clientes y Efectos a cobrar	(25.000)
		435.000

18. Cálculos:

Compras: 270.000 + 122.000 − 145.000 = 247.000 euros

Pagado a proveedores: 60.000 + 247.000 − 75.000 = 232.000 euros

20. En el año 20X4 las ventas crecieron en 80.000 euros con respecto al año 20X1. Tal incremento supone un porcentaje del 100% (no un 200%).

23. Cálculo del beneficio por acción del año 20X4:

20.000 / 50.000 = 0,40 euros

24. Cifra de ventas (X) que permitirá alcanzar el punto muerto o umbral de rentabilidad:

$$X = \frac{1.000.000}{1 - \frac{1}{5}} = \frac{1.000.000}{0{,}80} = 1.250.000 \text{ euros}$$

25. El PER, en este caso, puede calcularse de dos formas:

a) Relacionando el valor bursátil total de la compañía con el resultado del ejercicio:

$$\text{PER} = \frac{\text{Valor de capitalización}}{\text{Resultado del ejercicio}} = \frac{480.000}{40.000} = 12$$

b) Relacionando el precio de mercado de una acción con el beneficio por acción:

Número de acciones: 400.000 / 10 = 40.000 títulos

Cotización de la acción: 480.000 / 40.000 = 12 euros

Beneficio por acción: 40.000 / 40.000 = 1 euro

$$\text{PER} = \frac{\text{Cotización de la acción}}{\text{Beneficio por acción}} = \frac{12}{1} = 12$$

Soluciones Prueba n.º 9

1	2	3	4	5	6	7	8	9	10	11	12	13	14	15	16	17	18	19	20
A	B	A	D	A	D	C	D	C	C	C	A	B	B	C	D	C	C	C	D

21	22	23	24	25
D	D	A	C	A

Notas aclaratorias:

5. Cálculos:

Porcentaje de obra terminada al final del año 2:

$$t = \frac{2.400.000 + 1.552.000}{2.400.000 + 1.552.000 + 1.248.000} \times 100 = \frac{3.952.000}{5.200.000} \times 100 = 76\%$$

Beneficio total realizado al final del año 2:

$$0{,}76 \times (6.000.000 - 5.200.000) = 608.000 \text{ euros}$$

Beneficio imputable al año 2:

$$608.000 - 480.000 = 128.000 \text{ euros}$$

7. Ambos errores afectaron al coste de ventas (Cv) calculado. Siendo:

$$Cv = Ei + CN - Ef$$

El coste de ventas ajustado (Cv^*) será:

$$Cv^* = (Ei - 5.000) + CN - (Ef + 3.000)$$
$$Cv^* = Cv - 8.000$$

Luego, si el coste de ventas se sobrevaloró en 8.000 euros, el resultado del ejercicio resultó infravalorado en la misma cifra.

8. Saldo de la partida Efectivo al 31-12-X3. Siendo: Si = Saldo inicial y Sf = Saldo final, se cumple:

$$\text{Efectivo, } Sf = \text{Efectivo, } Si\ (X) + \text{Variación neta del efectivo}$$
$$290 = X + 110 - 60 + 70 \rightarrow X = 170 \text{ u.m.}$$

9. Deterioro de valor de créditos comerciales al 31-12-X3. A lo largo del ejercicio, el saldo de la cuenta que registra el deterioro de los créditos concedidos a los clientes se modifica tanto por la cuantía neta de las dotaciones como por las bajas o cancelaciones de créditos incobrables. Por tanto, se cumplirá:

$$\text{Deterioro de créditos, } Sf = \text{Deterioro de créditos, } Si\ (X) + \text{Dotación neta} - \text{Créditos cancelados}$$

$$100 = X + 30 - \textit{Créditos cancelados} \qquad [1]$$

A su vez, para calcular el importe de los créditos cancelados durante el ejercicio se procede así:

Clientes, *Sf* = Clientes, *Si* + Ventas a crédito − Cobros de clientes − Créditos cancelados

1.000 = 960 + 900 − 810 − Créditos cancelados

Créditos cancelados = 50 u.m.

Y sustituyendo en [1]:

X = 100 − 30 + 50 = 120 u.m.

10. Ganancias retenidas al 31-12-X3. Esta partida se incrementa por el resultado líquido del ejercicio y disminuye por el importe de los dividendos acordados. Luego:

Ganancias retenidas, *Sf* = Ganancias retenidas, *Si* (*X*) + Resultado del ejercicio − − Dividendos acordados

900 = *X* + 80 − *Dividendos acordados*

[2]

Y para calcular el importe de los dividendos activos acordados durante el ejercicio se hará:

Dividendos a pagar, *Sf* = Dividendos a pagar, *Si* + Dividendos aprobados − − Dividendos pagados

50 = 10 + Dividendos acordados − 60 → Dividendos acordados = 100 u.m.

Sustituyendo valores en [2]:

900 = *X* + 80 − 100 → *X* = 920 u.m.

11. Inmovilizado material al 31-12-X4. Siendo:

Inmovilizado material, *Sf* (*X*) = Inmovilizado material, *Si* + Nuevas adquisiciones − − Bajas al coste

X = 3.300 + 500 − *Coste de las bajas o ventas de inmovilizado*

[3]

Y para determinar el coste del inmovilizado vendido durante el ejercicio se procede así:

- Cálculo de su valor contable:

  Valor contable = Precio de venta + Pérdida = 440 + 200 = 640 u.m.

- Cálculo de la amortización acumulada correspondiente al inmovilizado enajenado (AAIM = Amortización acumulada del inmovilizado material):

  AAIM, *Sf* = AAIM, *Si* + Dotación del ejercicio − Amortización acumulada eliminada por la venta

  Amortización acumulada eliminada = 650 + 130 − 400 = 380 u.m.

- Coste del inmovilizado vendido en el ejercicio:

  Valor contable + Amortización acumulada = 640 + 380 = 1.020 u.m.

Sustituyendo valores en [3]:

$$X = 3.300 + 500 - 1.020 = 2.780 \text{ u.m.}$$

12. Saldo de la cuenta de Proveedores al 31-12-X4. Siendo:

Proveedores, *Sf* (*X*) = Proveedores, *Si* + Compras a crédito − Pagos a proveedores

$$\boxed{X = 250 + \textit{Compras a crédito} - 320} \quad [4]$$

Compras a crédito = Coste de ventas + *Ef* − *Ei* = 380 + 600 − 800 = 180 u.m.

Y sustituyendo valores en [4]:

$$X = 250 + 180 - 320 = 110 \text{ u.m.}$$

13. Saldo de la cuenta Impuesto sobre beneficios a pagar al 31-12-X4. Siendo:

Impuestos a pagar, *Sf* (*X*) = Impuestos a pagar, *Si* + Impuesto del ejercicio − − Impuestos pagados

$$X = 180 + 20 - 110 = 90 \text{ u.m.}$$

14. Secuencia de cálculos:

	Resultado del ejercicio (beneficio)		200.000
Más:	*Cargos que no afectaron al capital circulante y gastos extraordinarios*		50.000
	Amortización del ejercicio	40.000	
	Pérdida en venta de inmovilizado	10.000	
=	RECURSOS PROCEDENTES DE LAS OPERACIONES		250.000
Más:	*Variaciones acreedoras de partidas de circulante*		10.000
	Incremento de las cuentas comerciales a pagar	10.000	
Menos:	*Variaciones deudoras de partidas de circulante*		(20.000)
	Incremento de las cuentas comerciales a cobrar	15.000	
	Disminución de los intereses a pagar	5.000	
=	EFECTIVO GENERADO POR ACTIVIDADES DE EXPLOTACIÓN		240.000

16. Cálculos:

Inversión en almacén si la rotación es 5 veces: 800.000 / 5 = 160.000 euros

Inversión en almacén si la rotación fuese 8 veces: 800.000 / 8 = 100.000 euros

Recursos liberados si la rotación aumenta de 5 a 8 veces: 160.000 − 100.000 = = 60.000 euros

17. Cálculos:

Ventas anuales a crédito: 0,90 × 600.000 = 540.000 euros

Saldo de clientes a fin de año: 540.000 / 5 = 108.000 euros

Plazo medio de cobro de las ventas a crédito: 365 / 5 = 73 días

22. Número de unidades que será preciso vender:

$$\frac{40.000 + 0,25 \times 40.000}{50 - 25} = \frac{50.000}{25} = 2.000 \text{ unidades}$$

23. Si el cociente: Pasivo exigible / Activo total es 0,6 significa que la relación Pasivo exigible / Fondos propios es 60 / 40. Luego el ratio de endeudamiento será 1,5 ó 150%.

24. El número de acciones ordinarias en promedio es:

$$80.000 \times \frac{9}{12} + 76.000 \times \frac{3}{12} = 79.000$$

$$\text{BPA} = \frac{400.000}{79.000} = 5,06 \text{ euros}$$

25. Cálculo del beneficio anual por cada acción ordinaria en circulación:

$$\text{BPA} = \frac{20.000 - 0,10 \times 40.000}{50.000} = \frac{16.000}{50.000} = 0,32 \text{ euros}$$

Soluciones Prueba n.º 10

1	2	3	4	5	6	7	8	9	10	11	12	13	14	15	16	17	18	19	20
A	D	D	A	B	C	A	D	B	C	B	C	A	B	A	C	B	D	D	C

21	22	23	24	25
C	D	D	B	D

Notas aclaratorias:

6. El fondo de comercio se reconoce cuando se adquiere una empresa en funcionamiento y se paga un precio que supera el valor de los activos adquiridos netos de deudas. En este caso:

Precio total pagado por el adquirente	140.000
Valor de los activos adquiridos (50.000 + 20.000 + 40.000)	(110.000)
Fondo de comercio	30.000

7. Si la empresa constructora utiliza el método del contrato cumplido no reconocerá resultado alguno hasta el ejercicio en que la obra termine, salvo que incurra en pérdidas.

8. Al cierre del año 20X4 el coste total estimado asciende a:

Costes incurridos + Costes pendientes = (400.000 + 2.200.000) + 2.600.000 = = 5.200.000 euros

Luego la constructora ha incurrido en una pérdida que tendrá que provisionar. Importe de la pérdida:

Precio de venta − Coste total = 5.000.000 − 5.200.000 = − 200.000 euros (pérdida)

9. Si la empresa constructora utiliza el método del grado de avance o porcentaje de terminación, tendrá que calcular el porcentaje de terminación al final de cada año y aplicar dicho porcentaje al resultado estimado al final del año que se trate. En nuestro caso, al final del año 20X3:

$$t\% = \frac{400.000}{400.000 + 3.600.000} = \times 100 = 10\%$$

Resultado total estimado al 31-12-20X3: 5.000.000 − (400.000 + 3.600.000) = = 1.000.000 euros

Resultado imputable al año 20X3: 0,10 × 1.000.000 = 100.000 euros (beneficio)

10. Cálculo del resultado imputable al año 20X4:

Coste total estimado al 31-12-20X4: (400.000 + 2.200.000) + 2.600.000 = = 5.200.000 euros

Resultado total estimado al 31-12-20X4: 5.000.000 − 5.200.000 = − 200.000 euros (pérdida)

Pérdida imputable al año 20X4: 200.000 + 100.000 (beneficio reconocido en 20X3) = 300.000 euros

11. Cálculo del resultado ajustado:

	Resultado antes de ajustes	42.000
(+)	Alquiler del año siguiente pagado por anticipado (6.000 / 3)	+ 2.000
(−)	Anticipos recibidos de clientes, registrados como ingresos	− 5.000
(−)	Interés devengado por el préstamo (30.000 × 0,10 × 4/12)	− 1.000
	Resultado ajustado	38.000

12. Efectivo obtenido por actividades de financiación:

Importe del préstamo bancario obtenido en el ejercicio	+ 100.000
Principal del préstamo bancario amortizado	− 40.000
Cobrado por la emisión de nuevas acciones	+ 200.000
Efectivo generado por actividades de financiación	260.000

13. Efectivo aplicado en actividades de inversión:

Pagado por la compra de mobiliario	+ 8.000
Cobrado por la venta de un vehículo	− 5.000
Pagado por la compra de participaciones en capital	+ 20.000
Efectivo aplicado en actividades de inversión	23.000

14. Efectivo generado por actividades de explotación u operativas:

	Resultado del ejercicio (beneficio)		14.000
Más:	*Cargos que no afectaron al capital circulante*		2.100
	Amortizaciones del ejercicio	2.100	
=	RECURSOS PROCEDENTES DE LAS OPERACIONES		16.100
Más:	*Variaciones acreedoras de partidas de circulante*		900
	Disminución de las cuentas comerciales por cobrar	900	
Menos:	*Variaciones deudoras de partidas de circulante*		(100)
	Disminución de los sueldos pendientes de pago	100	
=	EFECTIVO GENERADO POR ACTIVIDADES DE EXPLOTACIÓN		16.900

15. Variación experimentada por el capital circulante:

Disminución de la tesorería	− 8.000
Aumento del inventario de mercaderías	+ 5.000
Aumento del endeudamiento comercial	− 12.000
Variación del capital circulante (disminución)	− 15.000

16. El procedimiento conceptualmente más riguroso para calcular el número de veces que por término medio se renueva en un ejercicio el inventario de mercancía (rotación) consiste en dividir el coste de la mercancía vendida en dicho ejercicio por las existencias medias.

17. Si en la situación de partida las cifras son, por ejemplo, Activo circulante: 200.000 euros, Pasivo circulante: 100.000 euros, y se produce una compra de mercancía a crédito de 100.000 euros, el ratio de circulante después de esta operación habría disminuido. En efecto:

Ratio inicial	**Ratio posterior**
$\frac{200.000}{100.000} = 2$	$\frac{200.000 + 100.000}{100.000 + 100.000} = 1,5$

18. Cuando se calcula el ratio de liquidez denominado "prueba del ácido" (en inglés, *acid-test ratio* o *quick ratio*) su numerador es el activo circulante excluyendo del mismo dos partidas: los inventarios y los gastos anticipados.

19. Se calcula en primer lugar el coste de ventas (Cv) del ejercicio y después la cifra de ventas (V), esto es:

$$2 = \frac{Cv}{(400.000 + 500.000) \times 0,50} \rightarrow Cv = 900.000 \text{ euros}$$

$$900.000 + 0,25 \times V = V \rightarrow V = 1.200.000 \text{ euros}$$

20. Cálculo del saldo de las cuentas comerciales por cobrar (X) al 31-12-20X5:

$$4 = \frac{1.200.000}{(250.000 + X) \times 0,50} \rightarrow X = 350.000 \text{ euros}$$

21. Prueba del ácido al 31-12-20X5:

$$\frac{\text{Clientes + Efectos a cobrar}}{\text{Acreedores a corto plazo}} = \frac{100.000 + 20.000}{200.000} = 0,60$$

22. Ratio de endeudamiento al 31-12-20X5:

$$\frac{\text{Fondos ajenos}}{\text{Fondos propios}} = \frac{200.000 + 40.000}{300.000} \times 100 = 80\%$$

23. Ratio de cobertura de los gastos financieros del año 20X5:

$$\frac{\text{Resultado antes de intereses e impuestos}}{\text{Gastos financieros}} = \frac{40.000 + 20.000 + 10.000}{10.000} = 7 \text{ veces}$$

Soluciones Prueba n.º 11

1. Respuesta abierta.
2. Véase libro de texto.
3. Respuestas correctas:

	Operación	Ratio de endeudamiento (F. Ajenos / F. Propios)	Ratio de circulante
1.	Se paga por anticipado una póliza de seguros que cubre un período de 18 meses	NO AFECTA	DISMINUYE
2.	Se vende al contado un terreno con pérdida	AUMENTA	AUMENTA
3.	Se compran mercancías a pagar a 90 días . .	AUMENTA	DISMINUYE
4.	Se dan de baja créditos fallidos que estaban provisionados en su totalidad	NO AFECTA	NO AFECTA
5.	Se acuerda distribuir un dividendo activo a cuenta, que se pagará a los 30 días	AUMENTA	DISMINUYE
6.	Se venden mercancías al contado con beneficio	DISMINUYE	AUMENTA

4. Recursos generados por las operaciones: 157.000 euros, y Flujo neto de efectivo generado por actividades de explotación: 172.000 euros.
5. Resultados:
   a) Rotación del almacén. 20X4: 2,08 veces; 20X5: 2,17 veces.
   b) Liquidez. Aunque el ratio de circulante alcanza valores muy similares al cierre de ambos ejercicios, los ratios de liquidez más rigurosos (prueba ácida y tesorería) han mejorado sensiblemente.
   c) Rentabilidad financiera. Ha evolucionado muy negativamente pues se ha reducido en siete puntos (ha pasado del 19% al 12%, aproximadamente).
   d) Rentabilidad económica. 20X4: 10,39%; 20X5: 6,75%. La caída de la rentabilidad de la inversión es debida al efecto combinado de la reducción experimentada tanto en el margen con el que se opera (ha pasado del 6,93% al 4,71%) como en la rotación de los activos totales (que ha pasado de 1,50 a 1,43).

Soluciones Prueba n.º 12

1	2	3	4	5	6	7	8	9	10	11	12	13	14	15	16	17	18	19	20
B	B	C	D	A	D	D	A	D	B	A	B	B	B	B	C	C	A	C	B

21	22	23	24	25
D	C	A	B	B

Notas aclaratorias:

7. Cálculos:

Número de años transcurridos: 450.000 / 50.000 = 9
Años de vida útil residual: (800.000 – 450.000) / 50.000 = 7
Total años de vida útil estimada: 9 + 7 = 16

8. Cálculos:

Porcentaje de obra terminada en 20X5:

$$\frac{4.000.000}{20.000.000} \times 100 = 20\%$$

Beneficio imputable al año 20X5:

$$\frac{20}{100} \times (24.000.000 - 20.000.000) = 800.000 \text{ euros}$$

9. Cálculos:

Coste de la mercancía vendida: 800.000 – 350.000 = 450.000
Resultado bruto: 1.000.000 – 450.000 = 550.000
Porcentaje de ventas cobradas: 500.000 / 1.000.000 = 0,5 = 50%
Beneficio que ha de reconocerse: 0,5 × 550.000 = 275.000

10. Cálculos:

Criterio FIFO: 200 × 28 + 300 × 26 + 100 × 24 = 15.800
Criterio LIFO: 400 × 20 + 200 × 22 = 12.400

11. En el Estado de flujos de efectivo tanto los intereses pagados (gastos financieros) como los intereses cobrados (ingresos financieros) se presentan en la sección Actividades operativas o de explotación.

12. Cálculo:

$$(1.410.000 + 600.000) - 1.500.000 = 510.000 \text{ euros}$$

13. Flujo neto de efectivo generado por las actividades de explotación:

Entradas de efectivo / Cobros		150.000
Cobrado de clientes	150.000	
Salidas de efectivo / Pagos		(120.000)
Pagos a proveedores	40.000	
Pagos al banco por intereses	20.000	
Pagos a los empleados por salarios	60.000	
Flujo neto de efectivo por actividades operativas		30.000

14. Flujo neto de efectivo generado por las actividades de explotación:

	Resultado del ejercicio (pérdida)		−25.000
Más:	*Cargos que no afectaron al capital circulante*		32.500
	Amortización del ejercicio	32.500	
=	RECURSOS PROCEDENTES DE LAS OPERACIONES		7.500
Más:	*Variaciones acreedoras de partidas de circulante*		12.500
	Disminución de las cuentas comerciales a cobrar	10.000	
	Incremento de los sueldos pendientes de pago	2.500	
Menos:	*Variaciones deudoras de partidas de circulante*		(11.500)
	Incremento del inventario de mercancías	11.500	
=	EFECTIVO GENERADO POR ACTIVIDADES DE EXPLOTACIÓN		8.500

15. Cuando sea preceptivo, el análisis de la evolución financiera y de los resultados del negocio ha de figurar en el Informe de gestión.

16. Cálculo:

$$\frac{(20.000 - 10.000)}{10.000} \times 100 = 100\%$$

17. Rotación del inventario:

$$\frac{\text{Coste de ventas}}{\text{Existencias medias}} = \frac{88.400 + 302.000 - 99.600}{(88.400 + 99.600) \times 0,5} = \frac{290.800}{94.000} \cong 3,09 \text{ veces}$$

18. Cuando se liquida una deuda a corto plazo, el ratio de circulante aumentará si antes era mayor que la unidad (así si el ratio es: 200 / 100 = 2 y se cancela una deuda de 50 u.m., el ratio después será: 150 / 50 = 3). Y como dicha operación origina una reducción de la tesorería —que es una cuenta de activo— también aumentará el ratio de rotación del activo (Ventas / Activo total medio).

19. La capitalización de la operación de arrendamiento financiero supone reconocer el activo recibido en régimen de *leasing* pero también la deuda correlativa —una parte a corto plazo y otra a largo plazo—. Por tanto, el ratio de circulante disminuirá y aumentará el ratio de endeudamiento (Fondos ajenos / Fondos propios).

20. La variación porcentual del resultado será distinta de la variación experimentada por las ventas —efecto llamado "apalancamiento operativo"— únicamente si la empresa cuenta con costes fijos. Si no existen costes fijos el resultado tenderá a variar en porcentajes similares a las ventas.

21. El PER es el cociente entre la cotización o precio de la acción y el beneficio por acción (BPA). Por tanto, si la cotización de las acciones de ambas sociedades es idéntica, será mayor el BPA de aquella sociedad que cotice a un PER inferior.

22. Cálculos:

Costes fijos totales: 135.000 + 90.000 + 81.000 + 18.000 = 324.000
Margen de contribución unitario: 16,75 − (8 + 0,75) = 8
Punto muerto (en unidades de producto):

$$\frac{324.000}{8} = 40.500 \text{ platos}$$

23. Fórmula para calcular el beneficio por acción básico (BPA_b):

$$\frac{\text{Resultado del ejercicio} - \text{Dividendo acciones preferentes}}{\text{Número promedio de acciones ordinarias}} =$$

$$= \frac{10.500.000 - 2.000.000}{20.000.000 + 0,75 \times 6.000.000} \cong 0,35 \text{ euros}$$

24. Con los datos disponibles, la tasa anual de rentabilidad será el cociente entre el resultado del ejercicio y el promedio de financiación propia.

25. El inverso del PER es la tasa de rentabilidad anual. Esto es:

$$\text{Tasa de rentabilidad} = \frac{1}{\text{PER}} = \frac{\text{BPA}}{\text{Cotización}} = \frac{1}{25} = 0,04 = 4\%$$

Soluciones Prueba n.º 13

1	2	3	4	5	6	7	8	9	10	11	12	13	14	15	16	17	18	19	20
C	A	B	D	C	B	B	C	B	C	D	B	D	B	B	B	A	C	D	A

21	22	23	24	25
C	C	B	D	B

Notas aclaratorias:

5. Siendo $CV = Ei + CN - Ef$, si las existencias finales se infravaloran ello incrementará el coste de ventas y, consecuentemente, reducirá el resultado del ejercicio.

6. Cálculos:

Artículos	Coste	Coste o mercado, el más bajo
J	60 × 12 = 720	60 × 10 = 600
K	30 × 20 = 600	30 × 18 = 540
L	45 × 30 = 1.350	45 × 28 = 1.260
M	20 × 16 = 320	20 × 16 = 320
Totales	2.990	2.720

Ajuste (reducción del precio de coste): 2.990 − 2.720 = 270 euros

8. Resultado del ejercicio:

Ingresos por ventas	100.000
Coste de ventas	(70.000)
Otros gastos de explotación	(16.000)
Resultado del ejercicio	14.000

9. Efectivo generado en el ejercicio:

Cobros / entradas (10.000 + 90.000 + 8.000)	108.000
Pagos / salidas (12.000 + 84.000 + 5.000)	(101.000)
Efectivo generado en el año	7.000

10. Flujo neto de efectivo (FNE) por actividades de explotación:

	Resultado del ejercicio	− 2.000
	Gastos de amortización	2.600
	RPO	600
Más:	*Variaciones acreedoras de partidas de circulante:*	
	Disminución de clientes	4.250
	Disminución de mercaderías	5.750
	Aumento de proveedores	3.400
	FNE por actividades de explotación	14.000

15. El resultado del año X6 ha de aumentar, respecto al conseguido en el año X5, en: 400.000 − 160.000 = 240.000 euros, cifra que representa un porcentaje del 150% respecto a este último año. Cálculo:

$$\frac{240.000}{160.000} \times 100 = 150\%$$

16. La proposición que se hace en la respuesta B es falsa, puesto que cuando la cifra del año base es cero o negativa el incremento no puede establecerse porcentualmente sino sólo en valor absoluto. En cambio, las afirmaciones recogidas en las respuestas A, C y D son verdaderas. En efecto:

Incremento de la tesorería entre X1 y X2: 8.000 − (−1.000) = 9.000 euros

Reducción del préstamo entre X2 y X3:

$$\frac{50.000}{50.000} \times 100 = 100\%$$

Incremento de las ventas entre X1 y X2:

$$\frac{98.000 - 45.000}{45.000} \times 100 = 117{,}78\%$$

17. Secuencia de cálculos:

Existencias finales: (42.000 + 246.000) − 250.000 = 38.000 euros

Rotación del almacén:

$$\frac{250.000}{(42.000 + 38.000) / 2} = 6{,}25 \text{ veces}$$

Plazo medio de almacén:

$$\frac{365}{6{,}25} = 58{,}40 \text{ días}$$

18. Secuencia de cálculos:

Rotación del almacén:

$$\frac{286.200}{(15.000 + 16.800) / 2} = 18 \text{ veces}$$

Plazo medio de almacenamiento:

$$\frac{365}{18} \cong 20{,}28 \text{ días}$$

Rotación de clientes:

$$\frac{408.000}{(24.000 + 27.000) / 2} = 16 \text{ veces}$$

Plazo medio de cobro a clientes:

$$\frac{365}{16} \cong 22{,}81 \text{ días}$$

Período medio de maduración: $20{,}28 + 22{,}81 \cong 43{,}1$ días

19. La capitalización de una operación de arrendamiento incrementa el activo fijo y el pasivo exigible (a corto y a largo plazo). En consecuencia, y considerando aisladamente dicha operación, el ratio de circulante (*AC* / *PC*) disminuirá, el ratio de endeudamiento (*FA* / *FP*) aumentará y la rotación del activo total (*VN* / *AT*) disminuirá.

20. Un incremento del precio de venta, si no afectase indirectamente a otras magnitudes, no tendría ninguna incidencia sobre la rotación del almacén de mercaderías.

21. *Pay-out* de ambos ejercicios:

Año X5:

$$\frac{1}{12{,}50} \times 100 = 8\%$$

Año X6:

$$\frac{0{,}80}{11{,}25} \times 100 = 7{,}11\%$$

22. Secuencia de cálculos:

ACTIVO:	
Inmovilizado material neto	300.000
Tesorería	50.000
Clientes y efectos a cobrar	16.000
Existencias comerciales	80.000
Inversiones financieras temporales	15.000
Total Activo	461.000
PASIVO EXIGIBLE:	
Préstamo hipotecario a largo plazo	200.000
Proveedores y efectos a pagar	20.000
Anticipos de clientes	35.000
Ingresos cobrados por anticipado	20.000
Total Pasivo exigible	275.000
PATRIMONIO NETO:	
Total Activo	461.000
Total Pasivo exigible	(275.000)
	186.000

Ratio de endeudamiento:

$$\frac{275.000}{186.000} \times 100 = 147,85\%$$

23. Tasas de rentabilidad:

Resultado del ejercicio: 180.000 − 80.000 − 30.000 = 70.000 euros

Tasa impositiva efectiva:

$$\frac{30.000}{100.000} \times 100 = 30\%$$

Rentabilidad económica:

$$\frac{70.000 + 80.000\,(1 - 0,30)}{2.000.000} \times 100 = 6,30\%$$

Rentabilidad financiera:

$$\frac{70.000}{1.000.000} \times 100 = 7\%$$

24. Ratio Precio / Valor contable:

Valor contable: 4.271 − 1.204 = 3.067

Precio / Valor contable:

$$\frac{4.569}{3.067} \cong 1,49$$

25. Ratio Beneficio por acción:

Resultado atribuible a las acciones ordinarias: 480.000 − 12.000 = 468.000 euros

Beneficio por acción ordinaria:

$$\frac{468.000}{12.000} = 39 \text{ euros}$$

Soluciones Prueba n.º 14

1. Véase libro de texto.

2. Véase libro de texto.

3. Cálculo e interpretación de ratios bursátiles

a) Beneficio por acción (BPA):
Hardsa: 100.000 / 200.000 = 0,50 = 50 céntimos de euro
Softsa: 250.000 / 200.000 = 1,25 euros

Price-Earnings ratio (PER):
Hardsa: 31 / 0,50 = 62
Softsa: 55 / 1,25 = 44

b) Hardsa, con un PER más alto, posee un potencial de crecimiento mayor. Aunque un PER bajo podría constituir un relativo aliciente para un inversor, estas medidas indican que los inversores están dispuestos a pagar un precio relativamente más alto —en relación con las ganancias— por las acciones de Hardsa. Si bien pueden existir muchas razones para explicar este comportamiento del mercado, una de las principales es la confianza en el crecimiento de las ganancias en el futuro.

4. Flujos de efectivo por actividades de explotación

a) Cuantía y signo de las variaciones experimentadas por las partidas de circulante de explotación ajenas al efectivo:

Cuentas de circulante	Saldos finales	Saldos iniciales	Variaciones deudoras	Variaciones acreedoras
Clientes	10.000	10.400		400
Alquileres pagados por anticipado	1.400	2.100		700
Seguros pagados por anticipado	2.800	900	1.900	
Proveedores	1.400	1.800	400	
Suministros pendientes de pago	800	500		300
Sueldos pendientes de pago	2.200	2.900	700	
Ingresos anticipados	900	800		100
			3.000	1.500

b) Sección de "Actividades de explotación" del Estado de flujos de efectivo:

	RESULTADO DEL EJERCICIO (beneficio)		39.400
Más:	*Cargos que no afectaron al capital circulante y gastos extraordinarios*		28.700
	Amortización del ejercicio	26.700	
	Pérdida en venta de maquinaria	2.000	
=	RECURSOS PROCEDENTES DE LAS OPERACIONES		68.100
Más:	*Variaciones acreedoras de partidas de circulante*		1.500
	Disminución de clientes	400	
	Disminución de alquileres pagados por anticipado	700	
	Aumento de la deuda por suministros pendientes de pago	300	
	Aumento de los ingresos cobrados por anticipado	100	
Menos:	*Variaciones deudoras de partidas de circulante*		(3.000)
	Aumento del saldo de seguros pagados por anticipado	1.900	
	Disminución de la deuda con proveedores	400	
	Disminución de la deuda por sueldos pendientes de pago	700	
=	EFECTIVO GENERADO POR ACTIVIDADES DE EXPLOTACIÓN		66.600

5. Rotaciones y plazos

a) Rotación del almacén y plazo medio de almacenamiento

Coste de ventas: 450.000 + 45.000 − 35.000 = 460.000 euros

Existencias medias: (45.000 + 35.000) / 2 = 40.000 euros

Rotación del almacén: 460.000 / 40.000 = 11,5 veces

Plazo medio de almacenamiento: 365 / 11,5 = 31,74 días

b) Rotación de las cuentas a cobrar y plazo medio de cobro total

Ventas a crédito: 0,80 × 987.500 = 790.000 euros

Saldo medio de clientes: (70.000 + 60.000) / 2 = 68.000 euros

Rotación de las cuentas a cobrar: 790.000 / 68.000 = 11,62 veces

Plazo medio de cobro de las ventas a crédito: 365 / 11,62 = 31,41 días

Plazo medio de cobro total:

$$\frac{20 \times 0 + 80 \times 31{,}41}{20 + 80} = 25{,}13 \text{ días}$$

c) Importe total cobrado de clientes durante 20X7

987.500 (ventas totales) + 70.000 (saldo inicial) − 66.000 (saldo final) =
= 991.500 euros

d) Importe total pagado a proveedores durante 20X7

450.000 (compras del ejercicio) + 25.000 (deuda de proveedores al 1 de enero) =
= 475.000 euros

Soluciones Prueba n.º 15

1	2	3	4	5	6	7	8	9	10	11	12	13	14	15	16	17	18	19	20
D	B	C	A	C	B	C	B	C	B	C	B	D	B	D	D	C	A	B	D

21	22	23	24	25
B	D	D	C	A

Notas aclaratorias:

1. Sólo la escasa materialidad o importancia relativa podría justificar no reconocer las pérdidas por potenciales insolvencias.

2. Si la compra de un terreno se carga en una cuenta de gastos, dicho error originará una infravaloración del activo y una sobrevaloración de los gastos del ejercicio, lo que se traducirá a su vez en una reducción del resultado y de los fondos propios.

3. Si en un período inflacionista se utiliza el método FIFO para valorar los inventarios, las existencias finales resultarán valoradas por los últimos costes satisfechos, resultando un importe superior al que se obtendría aplicando otros métodos alternativos como el LIFO o el CMP.

4. Para periodificar la carga financiera derivada de este pasivo, según la Normas Internacionales y el vigente PGC, debe utilizarse el tipo de interés efectivo.

5. Siendo: $Cv = Ei + Cn - Ef$, en 20X4 el Coste de ventas resultó sobrevalorado en 2.000 euros y, en consecuencia, el resultado antes de impuestos se infravaloró por ese mismo importe. En 20X5 la incidencia del error sobre el resultado antes de impuestos de ese año fue de la misma cuantía pero de signo contrario. Por tanto:

   Resultado antes de impuestos correcto de 20X4: 25.000 + 2.000 = 27.000 euros
   Resultado antes de impuestos correcto de 20X5: 30.000 − 2.000 = 28.000 euros

6. El fondo de comercio es el exceso pagado sobre el valor de la sociedad adquirida. Cálculo:

   Fondo de comercio (plusvalía pagada en la adquisición): 300.000 − 270.000 = = 30.000 euros

7. Secuencia de cálculos:

   Cuota de amortización inicial: (10.000 − 2.000) / 5 = 1.600 euros
   Valor contable al 1-1-20X7: 10.000 − 3 × 1.600 = 5.200 euros
   Valor amortizable en 20X7 y 20X8: 5.200 − 1.000 = 4.200 euros
   Cuota de amortización de 20X7: 4.200 / 2 = 2.100 euros

8. Cálculos:

   Intereses incluidos en la primera anualidad: 0,10 × 10.000 = 1.000 euros
   Capital vivo al principio del 2.º año: 10.000 − (4.021,15 − 1.000) = 6.978,85 euros
   Intereses incluidos en la segunda anualidad: 0,10 × 6.978,85 = 697,88 → 698 euros

9. Para calcular el coste de la nueva máquina adquirida no se precisa utilizar los saldos de amortización acumulada, pudiendo procederse así:

Saldo de la cuenta Maquinaria después de la venta de la máquina vieja: 7.000 − − 3.000 = 4.000 euros

Coste de la máquina nueva: 5.500 − 4.000 = 1.500 euros

10 y 11. Para plantear la equivalencia financiera, que permite calcular el tipo de interés efectivo, intervienen las siguientes magnitudes:

Líquido o efectivo obtenido en la fecha de emisión de los bonos (1 de enero de 20X5):

$$0{,}98 \times 100.000 = 98.000 \text{ euros}$$

Pago por intereses al final de cada año (31 de diciembre de 20X5, 20X6, 20X7, 20X8 y 20X9):

$$0{,}07 \times 100.000 = 7.000 \text{ euros}$$

Reembolso por el principal el 31 de diciembre de 20X9:

$$1{,}03 \times 100.000 = 103.000 \text{ euros}$$

Pago total a realizar el 31 de diciembre de 20X9:

$$7.000 + 103.000 = 110.000 \text{ euros}$$

Diagrama de la operación:

Líquido recibido	98.000 €					
Períodos (años)	1-1-X5	31-12-X5	31-12-X6	31-12-X7	31-12-X8	31-12-X9
Pagos a realizar		7.000 €	7.000 €	7.000 €	7.000 €	110.000 €

Equivalencia financiera (i = tipo de interés efectivo o tasa de actualización):

$$98.000 = \frac{7.000}{(1+i)} + \frac{7.000}{(1+i)^2} + \frac{7.000}{(1+i)^3} + \frac{7.000}{(1+i)^4} + \frac{110.000}{(1+i)^5}$$

y utilizando una máquina calculadora financiera o mediante la función TIR de la hoja de cálculo Excel se obtiene: $i = 0{,}080123 = 8{,}0123\%$.

Cuadro que muestra la evolución de este pasivo aplicando el criterio del coste amortizado y el tipo de interés efectivo para la periodificación de la carga financiera (cifras redondeadas a la unidad más próxima):

Años	Deuda viva a principio de año	Interés anual devengado	Pago anual	Deuda viva a final de año*
20X5	98.000	7.852	7.000	98.852
20X6	98.852	7.920	7.000	99.772
20X7	99.772	7.994	7.000	100.767
20X8	100.767	8.074	7.000	101.840
20X9	101.840	8.160	110.000	0

* Deuda viva a principio de año + Interés anual devengado − Pago anual

12. En el Estado de flujos de efectivo los *dividendos cobrados* figuran en la sección de actividades operativas y los *dividendos pagados* en la sección de actividades de financiación.

13. El precio cobrado (entradas de efectivo por actividades de inversión) será igual al coste o valor contable del terreno vendido más el beneficio de la operación.

Cálculo: (550.000 − 150.000) + 50.000 = 450.000 euros

14. El pago del alquiler redujo un activo (la tesorería) e incrementó otro activo afecto a las actividades operativas (alquileres pagados por anticipado), disminuyendo el flujo neto de efectivo de explotación.

15. Si reconstruimos el resumen de movimientos de la cuenta Clientes y efectos comerciales a cobrar:

	Clientes y efectos comerciales a cobrar	
Saldo inicial	35.000	
Ventas a crédito	440.000	
Cobrado de clientes		*X*
Saldo final	30.000	

Luego el total cobrado de clientes durante el ejercicio ascendió a:

$$35.000 + 440.000 - X = 30.000 \rightarrow X = 445.000 \text{ euros}$$

16. Reconstruimos el resumen de movimientos de la cuenta Seguros pagados por anticipado:

	Seguros pagados por anticipado	
Saldo inicial	13.000	
Pagado durante el ejercicio	*X*	
Gasto del ejercicio		16.000
Saldo final	11.500	

Luego el total cobrado de clientes durante el ejercicio ascendió a:

$$13.000 + X - 16.000 = 11.500 \rightarrow X = 14.500 \text{ euros}$$

17. Secuencia de cálculos:

Coste de ventas: 920.000 + 8.000 = 928.000 euros

Cuentas a cobrar (promedio): (110.000 + 90.000) / 2 = 100.000 euros

Existencias (promedio): (124.000 + 116.000) / 2 = 120.000 euros

Plazo medio de almacenamiento:

$$\frac{120.000}{928.000} \times 365 = 47,20 \text{ días}$$

Plazo medio de cobro a clientes:

$$\frac{100.000}{1.200.000} \times 365 = 30,42 \text{ días}$$

Duración del ciclo de explotación: 47,20 + 30,42 = 77,62 ≅ 78 días

18. El ratio de circulante aumentará, pues antes del pago efectuado era superior a la unidad. En efecto:

Ratio antes de la operación: 6.000 / 3.000 = 2

Ratio después de la operación: (6.000 − 2.000) / (3.000 − 2.000) = 4

19. Una empresa aun operando con pérdidas puede disponer de suficiente liquidez, aunque esta situación no podrá mantenerse indefinidamente.

20. Calculamos la rotación del almacén por ambos métodos.

Método FIFO:

Existencias finales	70 × 13 = 910 euros
Existencias medias	(1.000 + 910) / 2 = 955 euros
Coste de ventas	100 × 10 + 80 × 12 + 80 × 13 = 3.000 euros
Rotación del inventario	3.000 / 955 = 3,14 veces

Método LIFO:

Existencias finales	70 × 10 = 700 euros
Existencias medias	(1.000 + 700) / 2 = 850 euros
Coste de ventas	150 × 13 + 80 × 12 + 30 × 10 = 3.210 euros
Rotación del inventario	3.210 / 850 = 3,78 veces

21. Secuencia de cálculos:

Capital circulante: (10.000 + 20.000 + 45.000) − (12.000 + 3.000) = 60.000 euros

Ratio de circulante: 75.000 / 15.000 = 5

Prueba ácida: (75.000 − 45.000) / 15.000 = 2

22. Relacionando el valor de capitalización con el resultado total:

$$PER = 62.500.000 / 1.250.000 = 50$$

O bien, relacionando el valor de cada título con el beneficio por acción:

Cotización de cada título: 62.500.000 / 2.500.000 = 25 euros

Beneficio por acción: 1.250.000 / 2.500.000 = 0,5 euros

$$PER = 25 / 0,5 = 50$$

23. Cálculos:

Activo al inicio del año 2: 43.000 + 5.000 = 48.000 euros

Activo al final del año 2: 58.000 + 40.000 = 98.000 euros

Activo total promedio: (48.000 + 98.000) / 2 = 73.000 euros

$$Re = \frac{25.000}{73.000} \times 100 = 34,25\%$$

24. La cotización bursátil no afecta a los ratios calculados cuando se utilizan los datos contables.

25. El *pay-out* es el indicador que mejor expresa el nivel de reparto de dividendos.

Soluciones Prueba n.º 16

1	2	3	4	5	6	7	8	9	10	11	12	13	14	15	16	17	18	19	20
C	B	C	D	A	D	A	D	D	B	D	B	A	B	B	D	C	D	C	D

21	22	23	24
D	C	C	D

Notas aclaratorias:

1. Las NIC/NIFF, convalidadas por la Unión Europea, se aplicaron por primera vez en España por los grupos cotizados en el ejercicio iniciado el 1 de enero de 2005.

2. El reconocimiento del acuerdo de reparto de un dividendo a cuenta minora la cuantía del patrimonio neto.

3. Si se adquieren acciones propias por un precio inferior a su valor contable disminuye el valor del patrimonio neto y aumenta el valor teórico de las acciones que permanecen en circulación después de aquella compra.

4. El activo aumentará, disminuirá o no resultará afectado según que el precio de venta haya sido mayor, menor o igual al coste de la mercancía vendida, respectivamente.

5. La normativa contable vigente no permite el reconocimiento de plusvalías latentes salvo que exista transacción (por ejemplo, que se venda el activo que incorpora la plusvalía).

6. El vigente PGC permite valorar por el nominal todas las partidas indicadas, siempre que el efecto de no actualizar los flujos de efectivo sea irrelevante (Norma 9.ª de Registro y Valoración, apartado 2.1.1).

7. En períodos inflacionistas el método FIFO proporciona un coste de ventas inferior y, en consecuencia, un resultado antes de impuestos y una cuota por el impuesto sobre beneficios superiores a lo que resultarían por otros métodos.

8. Siendo: $Cv = (Ei + CN) - Ef$, si el inventario de existencias finales se infravalora ello se traduce en un incremento del coste de ventas y, por tanto, en una infravaloración del resultado del ejercicio y de los fondos propios. El efecto sobre estas mismas magnitudes, en el ejercicio siguiente, será de signo contrario.

9. El proceso de amortización es acorde con lo requerido por el principio de correlación de ingresos y gastos.

10. El alquiler mensual pagado asciende a: 24.000 / 12 = 2.000 euros. Por tanto, corresponde imputar al año 20X7 un gasto por alquileres de 18.000 euros (9 meses) y el resto al ejercicio siguiente (3 meses).

11. Valoración del inventario:

14.000 (X) + 21.500 (Y) + 33.000 (Z) + 18.000 (W) = 86.500 euros

Procede reconocer un deterioro por:

90.000 − 86.500 = 3.500 euros

12. Secuencia de cálculos:

Valor amortizable: 45.000 − 3.000 = 42.000 euros

Cuotas de amortización de los años 1, 2 y 3: 42.000 / 7 = 6.000 euros

Valor contable al 1/1/año 4: 45.000 − 18.000 = 27.000 euros

Nuevo valor amortizable: 27.000 − 3.000 = 24.000 euros

Nueva cuota de amortización: 24.000 / 8 = 3.000 euros

13. El cometido fundamental de la memoria es la comunicación de desgloses de cifras que figuran en los estados formales y otras informaciones complementarias. En cambio, las notas de la memoria no deben utilizarse para reflejar operaciones que puedan reconocerse en el balance y/o en la cuenta de pérdidas y ganancias ni deben contradecir o repetir informaciones que ya figuren en estos informes.

14. Resultado del ejercicio 20X6:

Ingresos por servicios	150.000
Menos: Sueldos y salarios	(70.000)
Dotación por insolvencias	(3.000)
	77.000

15. Flujo neto de efectivo generado por las actividades de explotación durante 20X6:

Cobros de clientes	125.000
Menos: Pagos de sueldos	(55.000)
	70.000

16. Valor neto realizable de las cuentas comerciales a cobrar al 31 de diciembre de 20X6:

Clientes y cuentas comerciales a cobrar	25.000
Menos: Deterioro de valor de créditos por operaciones comerciales	(3.000)
	22.000

17. Cobrado de clientes durante 20X6:

Ventas a crédito	6.400.000
Más: Clientes y efectos a cobrar, saldo inicial	580.000
Menos: Clientes y efectos a cobrar, saldo final	(840.000)
	6.140.000

18. Como las compras netas del ejercicio fueron: 5.000.000 + 660.000 − 420.000 = = 5.240.000 euros, el importe pagado a los proveedores durante 20X6 fue:

Compras netas	5.240.000
Más: Proveedores y efectos a pagar, saldo inicial	440.000
Menos: Proveedores y efectos a pagar, saldo final	(530.000)
	5.150.000

19. Efectivo neto aplicado durante 20X6 por actividades de inversión:

Incremento del inmovilizado financiero	80.000
Incremento del inmovilizado material (1.130.000 − 600.000)	530.000
	610.000

20. Efectivo neto generado durante 20X6 por actividades de financiación:

Incremento del capital social	300.000
Incremento del préstamo bancario	500.000
Dividendos pagados (170.000 − 70.000)	(100.000)
	700.000

21. El cobro en efectivo de la deuda contraída con la empresa por un cliente únicamente altera la composición del activo circulante pero no su cuantía. Por tanto, no resultan afectados ni el ratio de circulante ni la prueba ácida ni tampoco la rotación del almacén. Aquella operación sólo producirá un aumento del índice de rotación de las cuentas a cobrar, pues produce una disminución en el denominador de este indicador.

22. Una compra de mercancía al contado, con independencia del método de registro que la empresa utilice para registrar la operación, es un hecho contable permutativo (aumenta un activo y disminuye otro por el mismo importe) y en nada afecta a las magnitudes que se relacionan para calcular el ratio de endeudamiento.

23. Secuencia de cálculos:

Fondos propios al 1-1-año 3: 98.000 − 40.000 = 58.000 euros

Fondos propios al 31-12-año 3: 90.000 − 30.000 = 60.000 euros

Fondos propios medios: (58.000 + 60.000) / 2 = 59.000 euros

Rentabilidad financiera:

$$\frac{30.000}{59.000} \times 100 = 50{,}85\%$$

24. Promedio de acciones en circulación:

$$30.000 \times 1 + 3.000 \times 1 + 8.000 \times 0{,}5 = 37.000$$

o bien:

$$33.000 \times 0{,}5 + 41.000 \times 0{,}5 = 16.500 + 20.500 = 37.000$$

Soluciones Prueba n.º 17

1. Véase libro de texto.

2. Véase libro de texto.

3. Cálculo de diversas magnitudes y análisis de la liquidez y de la solvencia.

a) Resultado y su aplicación en los tres ejercicios:

	Año 20X7	Año 20X6	Año 20X5
Resultado antes de impuestos	14.000	46.000	32.000
Impuesto sobre beneficios	(6.000)	(5.000)	—
Resultado después de impuestos	8.000	41.000	32.000
A dividendos	(10.000)	(10.000)	(5.000)
A reservas	(2.000)	31.000	27.000

b) Composición de los fondos propios al 31 de diciembre:

	20X7	20X6	20X5
Capital social	100.000	100.000	100.000
Prima de emisión de acciones	60.000	60.000	60.000
Reservas	56.000	27.000	—
Resultado del ejercicio (no distribuido)	—	31.000	27.000
	216.000	218.000	187.000

c) Ratios de rotación:

- Plazo medio de cobro a clientes:

20X5:
$$\frac{40.000}{360.000} \times 365 = 41 \text{ días}$$

20X6:
$$\frac{45.000}{325.000} \times 365 = 44 \text{ días}$$

20X7:
$$\frac{52.000}{390.000} \times 365 = 49 \text{ días}$$

- Plazo medio de pago a proveedores:

20X5:
$$\frac{33.000 - 5.000}{230.000} \times 365 = 44 \text{ días}$$

20X6:
$$\frac{45.000 - 5.000 - 10.000}{250.000} \times 365 = 44 \text{ días}$$

20X7:
$$\frac{43.000 - 6.000 - 10.000}{280.000} \times 365 = 36 \text{ días}$$

Comentarios:

Al tiempo que aumenta el plazo medio de cobro a clientes disminuye el plazo medio de pago a proveedores; la combinación de estos dos factores incide negativamente sobre la tesorería.

4. Elaboración de un Estado de flujos de efectivo.

- Estado de flujos de efectivo, según modelo del PGC:

FLUJOS DE EFECTIVO DE LAS ACTIVIDADES DE EXPLOTACIÓN		
Resultado antes de impuestos		115.000
Ajustes del resultado		270.000
Amortización del ejercicio	250.000	
Pérdida por venta de inmovilizado	5.000	
Gastos financieros	15.000	
Cambios en el capital corriente		50.000
Más (variaciones acreedoras):		
Disminución de cuentas a cobrar	40.000	
Aumento de cuentas a pagar	15.000	
Menos (variaciones deudoras):		
Aumento de existencias de mercaderías	(5.000)	
Otros flujos de efectivo de las actividades de explotación		(20.000)
Pagos por intereses (Nota 1)	(20.000)	
Flujo neto de efectivo de las actividades de explotación		415.000

FLUJOS DE EFECTIVO DE LAS ACTIVIDADES DE INVERSIÓN		
Pagos por inversiones		(530.000)
Compra de inmovilizado material (Nota 2)	(530.000)	
Cobros por desinversiones		15.000
Venta de inmovilizado material (Nota 3)	15.000	
Flujo neto de efectivo de las actividades de inversión		(515.000)

FLUJOS DE EFECTIVO DE LAS ACTIVIDADES DE FINANCIACIÓN		
Cobros y pagos por instrumentos de patrimonio		200.000
Ampliación del capital social (Nota 4)	200.000	
Cobros y pagos por instrumentos de pasivo financiero		(50.000)
Amortización del préstamo a largo plazo	(50.000)	
Pagos por dividendos		(65.000)
Dividendos pagados (Nota 5)	(65.000)	
Flujo neto de efectivo de las actividades de financiación		85.000

Resumen y conciliación:

Disminución neta del efectivo (415.000 – 515.000 + 85.000)	(15.000)
Efectivo al comienzo del período	65.000
Efectivo al final del período	50.000

- Cálculo de variaciones en las cuentas de balance y notas.
  Variaciones de saldos de cuentas de balance:

BALANCES DE SITUACIÓN	20X7	20X6	Variaciones Deudoras	Variaciones Acreedoras	Actividad
ACTIVO:					
Inmovilizado material neto	980.000	700.000	280.000		Inversión
Existencias de mercaderías	70.000	65.000	5.000		Explotación
Cuentas comerciales a cobrar ..	175.000	215.000		40.000	Explotación
Caja y Bancos, c/c	50.000	65.000		15.000	—
PATRIMONIO NETO Y PASIVO:					
Capital social	700.000	600.000		100.000	Financiación
Prima de emisión de acciones ..	100.000	—		100.000	Financiación
Reservas	85.000	40.000		45.000	Explotación
Préstamo a largo plazo	200.000	250.000	50.000		Financiación
Cuentas comerciales a pagar ..	100.000	85.000		15.000	Explotación
Proveedores de inmovilizado ..	20.000	—		20.000	Inversión
Intereses devengados a pagar .	5.000	10.000	5.000		Explotación
Dividendos a pagar	65.000	60.000		5.000	Financiación
Total variaciones			340.000	340.000	

NOTAS:

Nota 1. Cálculo del importe pagado en el ejercicio por intereses:

Saldo inicial de la cuenta Intereses devengados a pagar	10.000
Intereses devengados en el ejercicio, gastos financieros	15.000
Saldo final de la cuenta Intereses devengados a pagar	(5.000)
	20.000

Nota 2. Cálculo del importe pagado en el ejercicio por compra de inmovilizado:

Coste total de las adquisiciones realizadas	550.000
Saldo al cierre del ejercicio con Proveedores de inmovilizado	(20.000)
	530.000

Nota 3. Importe cobrado por el inmovilizado vendido en el ejercicio, que produjo una pérdida de 5.000 euros:

Inmovilizado material neto

Saldo inicial	700.000	X	Baja
Compras	550.000	250.000	Amortización
		980.000	Saldo final
	1.250.000	1.230.000 + X	

Por tanto, el valor contable o valor según libros del elemento de inmovilizado vendido era: X = 1.250.000 − 1.230.000 = 20.000 euros. Y el importe cobrado por dicha venta: 20.000 − 5.000 = 15.000 euros.

Nota 4. Cálculo del importe ingresado en efectivo por la ampliación de capital:

Aumento del saldo de Capital social	100.000
Aumento del saldo de Prima de emisión de acciones	100.000
	200.000

Nota 5. Cálculo del importe pagado en el ejercicio por dividendos:

Saldo inicial de la cuenta Dividendos a pagar	60.000
Resultado del ejercicio destinado al pago de dividendos	70.000
Saldo final de la cuenta Dividendos a pagar	(65.000)
	65.000

Soluciones Prueba n.º 18

1	2	3	4	5	6	7	8	9	10	11	12	13	14	15	16	17	18	19	20
D	D	A	C	D	B	B	A	C	C	B	A	C	A	B	A	A	A	C	B

Notas aclaratorias:

1. La contabilización del arrendamiento financiero es un caso típico de preeminencia del fondo sobre la forma.

2. El proceso de amortización tiene por objeto asignar el coste del activo amortizado a aquellos ejercicios en los cuales se estima que contribuirá a generar ingresos. Por tanto, el proceso de amortización no pretende aproximar los valores contables de los activos amortizados a su valor de mercado.

3. El acuerdo de repartir un dividendo con cargo a reservas de libre disposición supone una reducción en el importe de éstas y el reconocimiento de un pasivo a favor de los accionistas.

4. El importe registrado en esta cuenta correspondiente a la póliza A equivale a los cuatro primeros meses de 20X7 (4 / 12 × 7.650 = 2.550 euros), lo que significa que el ajuste por periodificación realizado al cierre del ejercicio anterior fue correcto. A su vez, el coste total satisfecho por la póliza C es en su totalidad gasto del año 20X7 y, en cambio, parte del coste de la póliza B ha de imputarse a los ejercicios posteriores. En efecto, como la cuota mensual por esta póliza asciende a: 5.400 / 36 = 150 euros, resulta:

Gasto anticipado imputable al ejercicio 20X8 (12 × 150)	1.800
Gasto anticipado correspondiente al ejercicio 20X9 y 2X10 (21 × 150)	3.150
	4.950

1.800	*Gastos anticipados a corto plazo*			
3.150	*Gastos anticipados a largo plazo*	*a*	*Primas de seguros*	4.950

5. El importe de los ingresos cobrados por anticipado: 15 / 18 × 21.600 = 18.000 euros, que equivale a una cuota mensual de 1.200 euros. Luego el importe cobrado a corto plazo es: 12 × 1.200 = 14.400 euros y a largo plazo: 3 × 1.200 = 3.600 euros. Ajuste:

18.000	*Ingresos por arrendamientos*	*a*	*Ingresos anticipados a corto plazo*	14.400
		a	*Ingresos anticipados a largo plazo*	3.600

6. Cálculo del deterioro que ha de figurar en las cuentas anuales correspondientes al año 20X7:

Deterioro estimado por ventas del año 20X7: [0,02 × 214.800]	4.276
Menos: Deterioro registrado anteriormente	(500)
	3.776

3.776	*Pérdidas por deterioro de créditos*	a	*Deterioro de valor de créditos comerciales*	3.776

7. Los alquileres pagados y registrados en la cuenta Alquileres pagados por anticipado, requieren un ajuste para reconocer el importe que corresponde a la fianza entregada al arrendador (2 × 3.000 = 6.000 euros) así como la cuantía del gasto del ejercicio por alquileres (8 × 3.000 = 24.000 euros). Asiento:

24.000	*Gastos de alquileres*			
6.000	*Fianzas constituidas a largo plazo*	a	*Alquileres pagados por anticipado*	30.000

8. El flujo neto de efectivo por actividades de explotación puede calcularse por dos procedimientos:

a) Ajustando el margen bruto:

Margen bruto	59.000
Más:	
Amortización	10.000
Pérdida por venta de maquinaria	4.000
Disminución del inventario	10.000
Aumento de proveedores	2.000
Menos:	
Aumento de clientes	(4.000)
FLUJO NETO DE EFECTIVO DE EXPLOTACIÓN	81.000

b) Método del Plan General de Contabilidad:

Resultado antes de impuestos		69.000
Ajustes del resultado		4.000
Amortización	10.000	
Pérdida venta de maquinaria	4.000	
Gastos financieros	3.000	
Ingresos financieros	(13.000)	
Cambios en el capital corriente		8.000
Disminución del inventario	10.000	
Aumento de proveedores	2.000	
Aumento de clientes	(4.000)	
FLUJO NETO DE EFECTIVO DE EXPLOTACIÓN		81.000

9. El importe pagado por compras ascendió a 41.600 euros. Y como el valor contable del mobiliario vendido fue 16.500 euros (22.000 − 5.500) y produjo una pérdida de 7.500 euros, el efectivo conseguido por la venta fue: 16.500 − 7.500 = = 9.000 euros. Luego el flujo neto de efectivo fue: 9.000 − 41.600 = −32.600 euros.

10. Efectivo generado por actividades de financiación: 100.000 − 25.000 = 75.000 euros.

11. El Informe de auditoría que acompaña a las cuentas anuales va dirigido a los accionistas.

12. La sociedad más rentable, considerando la información disponible, será aquella que tenga un margen de beneficio sobre ventas superior. Y ésta es la sociedad W, que alcanza un 5%.

13. La ampliación del plazo de crédito concedido a los clientes provocará, previsiblemente, un aumento de las ventas y por tanto del beneficio, siempre que el margen sea positivo. La tesorería, en cambio, podrá resultar afectada negativamente.

14. Un incremento de la cuenta Deterioro de valor de créditos por operaciones comerciales, que es una cuenta compensadora de activo, reducirá el importe del activo circulante y, en consecuencia, del capital circulante.

15. Si la cuenta Variación de existencias presenta saldo acreedor significa que el inventario ha aumentado, en el transcurso del ejercicio, en un importe igual a la cuantía de aquel saldo. Luego:

Existencias iniciales: 6.000 − 2.000 = 4.000 euros

Coste de ventas: 26.500 + 4.000 − 6.000 = 24.500 euros

Rotación del almacén:

$$\frac{24.500}{(4.000 + 6.000) / 2} = 4{,}9 \text{ veces}$$

Plazo medio de almacenamiento:

$$\frac{365}{4{,}9} = 74{,}48 \text{ días} \cong 74 \text{ días}$$

16. En primer lugar calculamos, utilizando la fórmula directa, el plazo medio de cobro de las ventas a crédito:

$$\frac{\text{Saldo medio de cuentas a cobrar, IVA incluido} \times 365}{\text{Ventas totales a crédito, IVA incluido}} =$$

$$= \frac{23.200 \times 365}{116.000} = 73 \text{ días}$$

Y, en segundo término, se calcula la media aritmética ponderada considerando el porcentaje de las ventas totales que se realizó al contado y a crédito. El resultado será el plazo medio total de cobro a clientes.

$$\frac{50 \times 0 + 50 \times 73}{50 + 50} = 36{,}50 \cong 37 \text{ días}$$

17. El ratio de endeudamiento es el cociente entre los fondos ajenos o pasivo exigible y el patrimonio neto. Por tanto, si se realiza una operación que reduce el pasivo exigible en un importe inferior al que se minora el neto, aquel cociente aumentará. Por ejemplo, si en la situación inicial que se indica después (Pasivo exigible = 500 y Patrimonio neto = 250), el exigible disminuye en 100 y el neto en 150, el nuevo ratio de endeudamiento será el doble que el inicial. En efecto:

	Situación inicial	Situación posterior
Pasivo exigible	500	400
Patrimonio neto	250	100
Ratio de endeudamiento	$\frac{500}{250} = 2$	$\frac{400}{100} = 4$

18. Una compra en régimen de arrendamiento financiero (o *leasing*) incrementa el activo no corriente y el pasivo exigible por el mismo importe, sin afectar al patrimonio neto. Luego producirá, en todos los casos, un aumento del ratio de endeudamiento. Comprobación con los datos facilitados en el enunciado:

	Situación inicial	Situación posterior
Activo total	500.000	600.000
Pasivo exigible	200.000	300.000
Patrimonio neto	300.000	300.000
Ratio de endeudamiento	$\frac{200.000}{300.000} = 0{,}67$	$\frac{300.000}{300.000} = 1$

19. Partiendo de la expresión que relaciona la rentabilidad económica (*Re*) con la rentabilidad financiera (*Rf*), el coste de los recursos ajenos (*i*) y la relación de endeudamiento (*FA/PN*), resulta:

$$\text{Riesgo financiero} = Re - Rf = (Re - i) \times \frac{FA}{PN}$$

$$6{,}2 = (18{,}8 - 6{,}4) \times \frac{FA}{PN}$$

$$\frac{FA}{PN} = \frac{6{,}2}{12{,}4} = 0{,}50 \rightarrow 50\%$$

20. La retribución de los títulos convertibles (*RTC*) neta de impuestos asciende a:

$$RTC = 3.000.000 \times 0{,}08 - 030 \times 3.000.000 \times 0{,}08 = 168.000 \text{ euros}$$

Y el número de acciones equivalentes a los bonos convertibles, considerando la relación de canje, es:

$$\frac{3.000.000 \times 20}{1.000} = 60.000 \text{ acciones}$$

Luego:

$$\text{BPAd} = \frac{\text{RL} + \text{RTC}}{\text{NAO} + \text{TC}} = \frac{270.000 + 168.000}{100.000 + 60.000} = 2{,}7375 \cong 2{,}74 \text{ euros}$$

Soluciones Prueba n.º 19

1	2	3	4	5	6	7	8	9	10	11	12	13	14	15	16	17	18	19	20
B	A	D	D	D	C	A	D	D	C	A	A	C	D	B	A	B	D	C	C

Notas aclaratorias:

10. Siendo, X = Flujo neto de efectivo generado por las actividades de explotación, se cumple:

$$45.000 - 65.000 = X + 450.000 - 500.000 \rightarrow X = 30.000 \text{ euros}$$

11. Cálculos:

Coste de la máquina vendida: 114.000 − 100.000 = 14.000 euros

Amortización acumulada de la máquina vendida: 60.000 + 15.000 − 64.000 = = 11.000 euros

Valor contable = Precio de venta cobrado: 14.000 − 11.000 = 3.000 euros

12. Cálculo del flujo neto de efectivo generado por las actividades de explotación, por el método indirecto:

Resultado del ejercicio	18.000
Más: Amortización	3.000
Menos: Beneficio por venta de inmovilizado	(7.500)
	13.500
Menos: Aumento del capital circulante	(1.000)
	12.500

13. Esta sociedad clasifica los gastos funcionalmente (el modelo del PGC los clasifica por naturaleza).

14. Cálculos que justifican la respuesta sugerida:

	Año 20X1	Año 20X0
Unidades vendidas	$\frac{800.800}{26} = 30.800$	$\frac{640.000}{25} = 25.600$
Coste unitario	$\frac{700.800}{30.800} = 22{,}75$ euros	$\frac{558.000}{25.600} = 21{,}80$ euros

Variación de las ventas:

$$\frac{800.800 - 640.000}{640.000} \times 100 = 25{,}13\%$$

Variación del coste de ventas:

$$\frac{700.800 - 558.000}{558.000} \times 100 = 25{,}59\%$$

15. Causas que explican el aumento de la cifra de ventas (160.800 euros):

Factor volumen:	(30.800 − 25.600) × 25	130.000
Factor precio:	(26 − 25) × 25.600	25.600
Factor volumen-precio:	(30.800 − 25.600) × (26 − 25)	5.200
		160.800

16. Causas que explican el aumento del coste de ventas (142.800 euros):

Factor volumen:	(30.800 − 25.600) × 21,80	113.360
Factor coste:	(22,75 − 21,80) × 25.600	24.320
Factor volumen-coste:	(30.800 − 25.600) × (22,75 − 21,80)	4.940
		142.620

17. Cálculos:

	Año 20X1	Año 20X0
Resultado antes de impuestos ...	10.500 + 4.500 = 15.000 euros	7.840 + 3.360 = 11.200 euros
Tipo impositivo	$\frac{4.500}{15.000} \times 100 = 30\%$	$\frac{3.360}{11.200} \times 100 = 30\%$

18. Cálculos que justifican la respuesta propuesta:

	Año 20X1	Año 20X0
Gastos financieros netos ..	19.000 (1 − 0,30) = 13.300 euros	15.000 (1 − 0,30) = 10.500 euros
Rf	$\frac{10.500}{127.500} \times 100 \cong 8,24\%$	$\frac{7.840}{121.840} \times 100 \cong 6,43\%$
Re	$\frac{10.500 + 13.300}{190.500} \times 100 = 12,49\%$	$\frac{7.840 + 10.500}{184.440} \times 100 = 9,94\%$
Rf − *Re*	8,24 − 12,49 = −4,25%	6,43 − 9,94 = −3,51%

19. Ratio de circulante antes de la operación (cifras supuestas):

$$\frac{145.000}{100.000} = 1,45$$

Ratio de circulante después de la operación:

$$\frac{145.000 + 55.000}{100.000} = 2$$

20. Cálculos:

Patrimonio neto al inicio del año 20X2: 58.000 − 5.000 = 53.000 euros
Patrimonio neto al final del año 20X2: 98.000 − 40.000 = 58.000 euros
Patrimonio neto anual promedio: (53.000 + 58.000) / 2 = 55.500 euros
Rentabilidad financiera:

$$\frac{21.000}{55.500} \times 100 = 37,84\%$$

CUADRO de CUENTAS del Plan General de Contabilidad

GRUPO 1

FINANCIACIÓN BÁSICA

10. CAPITAL

100. Capital social
101. Fondo social
102. Capital
103. Socios por desembolsos no exigidos
    1030. Socios por desembolsos no exigidos, capital social
    1034. Socios por desembolsos no exigidos, capital pendiente de inscripción
104. Socios por aportaciones no dinerarias pendientes
    1040. Socios por aportaciones no dinerarias pendientes, capital social
    1044. Socios por aportaciones no dinerarias pendientes, capital pendiente de inscripción
108. Acciones o participaciones propias en situaciones especiales
109. Acciones o participaciones propias para reducción de capital

11. RESERVAS Y OTROS INSTRUMENTOS DE PATRIMONIO

110. Prima de emisión o asunción
111. Otros instrumentos de patrimonio neto
    1110. Patrimonio neto por emisión de instrumentos financieros compuestos
    1111. Resto de instrumentos de patrimonio neto
112. Reserva legal
113. Reservas voluntarias
114. Reservas especiales
    1140. Reservas para acciones o participaciones de la sociedad dominante
    1141. Reservas estatutarias
    1142. Reserva por capital amortizado
    1143. Reserva por fondo de comercio
    1144. Reservas por acciones propias aceptadas en garantía
115. Reservas por pérdidas y ganancias actuariales y otros ajustes
118. Aportaciones de socios o propietarios
119. Diferencias por ajuste del capital a euros

12. RESULTADOS PENDIENTES DE APLICACIÓN

120. Remanente
121. Resultados negativos de ejercicios anteriores
129. Resultado del ejercicio

13. SUBVENCIONES, DONACIONES Y AJUSTES POR CAMBIOS DE VALOR

130. Subvenciones oficiales de capital
131. Donaciones y legados de capital
132. Otras subvenciones, donaciones y legados
133. Ajustes por valoración en activos financieros disponibles para la venta
134. Operaciones de cobertura
    1340. Cobertura de flujos de efectivo
    1341. Cobertura de una inversión neta en un negocio en el extranjero
135. Diferencias de conversión
136. Ajustes por valoración en activos no corrientes y grupos enajenables de elementos, mantenidos para la venta
137. Ingresos fiscales a distribuir en varios ejercicios
    1370. Ingresos fiscales por diferencias permanentes a distribuir en varios ejercicios
    1371. Ingresos fiscales por deducciones y bonificaciones a distribuir en varios ejercicios

14. PROVISIONES

140. Provisión por retribuciones a largo plazo al personal
141. Provisión para impuestos
142. Provisión para otras responsabilidades
143. Provisión por desmantelamiento, retiro o rehabilitación del inmovilizado
145. Provisión para actuaciones medioambientales
146. Provisión para reestructuraciones
147. Provisión por transacciones con pagos basados en instrumentos de patrimonio

15. DEUDAS A LARGO PLAZO CON CARACTERÍSTICAS ESPECIALES

150. Acciones o participaciones a largo plazo consideradas como pasivos financieros
153. Desembolsos no exigidos por acciones o participaciones consideradas como pasivos financieros
    1533. Desembolsos no exigidos, empresas del grupo
    1534. Desembolsos no exigidos, em presas asociadas
    1535. Desembolsos no exigidos, otras partes vinculadas
    1536. Otros desembolsos no exigidos
154. Aportaciones no dinerarias pendientes por acciones o participaciones consideradas como pasivos financieros
    1543. Aportaciones no dinerarias pendientes, empresas del grupo
    1544. Aportaciones no dinerarias pendientes, empresas asociadas
    1545. Aportaciones no dinerarias pendientes, otras partes vinculadas
    1546. Otras aportaciones no dinerarias pendientes

16. DEUDAS A LARGO PLAZO CON PARTES VINCULADAS

160. Deudas a largo plazo con entidades de crédito vinculadas
    1603. Deudas a largo plazo con entidades de crédito, empresas del grupo
    1604. Deudas a largo plazo con entidades de crédito, empresas asociadas
    1605. Deudas a largo plazo con otras entidades de crédito vinculadas
161. Proveedores de inmovilizado a largo plazo, partes vinculadas
    1613. Proveedores de inmovilizado a largo plazo, empresas del grupo
    1614. Proveedores de inmovilizado a largo plazo, empresas asociadas
    1615. Proveedores de inmovilizado a largo plazo, otras partes vinculadas
162. Acreedores por arrendamiento financiero a largo plazo, partes vinculadas
    1623. Acreedores por arrendamiento financiero a largo plazo, empresas de grupo
    1624. Acreedores por arrendamiento financiero a largo plazo, empresas asociadas
    1625. Acreedores por arrendamiento financiero a largo plazo, otras partes vinculadas.
163. Otras deudas a largo plazo con partes vinculadas
    1633. Otras deudas a largo plazo, empresas del grupo
    1634. Otras deudas a largo plazo, empresas asociadas
    1635. Otras deudas a largo plazo, con otras partes vinculadas

17. DEUDAS A LARGO PLAZO POR PRÉSTAMOS RECIBIDOS, EMPRÉSTITOS Y OTROS CONCEPTOS

170. Deudas a largo plazo con entidades de crédito
171. Deudas a largo plazo
172. Deudas a largo plazo transformables en subvenciones, donaciones y legados
173. Proveedores de inmovilizado a largo plazo
174. Acreedores por arrendamiento financiero a largo plazo
175. Efectos a pagar a largo plazo
176. Pasivos por derivados financieros a largo plazo
    1765. Pasivos por derivados financieros a largo plazo, cartera de negociación
    1768. Pasivos por derivados financieros a largo plazo, instrumentos de cobertura
177. Obligaciones y bonos
178. Obligaciones y bonos convertibles
179. Deudas representadas en otros valores negociables

18. PASIVOS POR FIANZAS, GARANTÍAS Y OTROS CONCEPTOS A LARGO PLAZO

180. Fianzas recibidas a largo plazo
181. Anticipos recibidos por ventas o prestaciones de servicios a largo plazo
185. Depósitos recibidos a largo plazo
189. Garantías financieras a largo plazo

19. SITUACIONES TRANSITORIAS DE FINANCIACIÓN

190. Acciones o participaciones emitidas
192. Suscriptores de acciones
194. Capital emitido pendiente de inscripción
195. Acciones o participaciones emitidas consideradas como pasivos financieros

197. Suscriptores de acciones consideradas como pasivos financieros
199. Acciones o participaciones emitidas consideradas como pasivos financieros pendientes de inscripción.

GRUPO 2

ACTIVO NO CORRIENTE

20. INMOVILIZACIONES INTANGIBLES

200. Investigación
201. Desarrollo
202. Concesiones administrativas
203. Propiedad industrial
204. Fondo de comercio
205. Derechos de traspaso
206. Aplicaciones informáticas
209. Anticipos para inmovilizaciones intangibles

21. INMOVILIZACIONES MATERIALES

210. Terrenos y bienes naturales
211. Construcciones
212. Instalaciones técnicas
213. Maquinaria
214. Utillaje
215. Otras instalaciones
216. Mobiliario
217. Equipos para procesos de información
218. Elementos de transporte
219. Otro inmovilizado material

22. INVERSIONES INMOBILIARIAS

220. Inversiones en terrenos y bienes naturales
221. Inversiones en construcciones

23. INMOVILIZACIONES MATERIALES EN CURSO

230. Adaptación de terrenos y bienes naturales
231. Construcciones en curso
232. Instalaciones técnicas en montaje
233. Maquinaria en montaje
237. Equipos para procesos de información en montaje
239. Anticipos para inmovilizaciones materiales

24. INVERSIONES FINANCIERAS A LARGO PLAZO EN PARTES VINCULADAS

240. Participaciones a largo plazo en partes vinculadas
    2403. Participaciones a largo plazo en empresas del grupo
    2404. Participaciones a largo plazo en empresas asociadas
    2405. Participaciones a largo plazo en otras partes vinculadas
241. Valores representativos de deuda a largo plazo de partes vinculadas
    2413. Valores representativos de deuda a largo plazo de empresas del grupo
    2414. Valores representativos de deuda a largo plazo de empresas asociadas
    2415. Valores representativos de deuda a largo plazo de otras partes vinculadas
242. Créditos a largo plazo a partes vinculadas
    2423. Créditos a largo plazo a empresas del grupo
    2424. Créditos a largo plazo a empresas asociadas
    2425. Créditos a largo plazo a otras partes vinculadas
249. Desembolsos pendientes sobre participaciones a largo plazo en partes vinculadas
    2493. Desembolsos pendientes sobre participaciones a largo plazo en em presas del grupo.
    2494. Desembolsos pendientes sobre participaciones a largo plazo en empresas asociadas.
    2495. Desembolsos pendientes sobre participaciones a largo plazo en otras partes vinculadas

25. OTRAS INVERSIONES FINANCIERAS A LARGO PLAZO

250. Inversiones financieras a largo plazo en instrumentos de patrimonio
251. Valores representativos de deuda a largo plazo
252. Créditos a largo plazo
253. Créditos a largo plazo por enajenación de in movilizado
254. Créditos a largo plazo al personal
255. Activos por derivados financieros a largo plazo
    2550. Activos por derivados financieros a largo plazo, cartera de negociación
    2553. Activos por derivados financieros a largo plazo, instrumentos de cobertura
257. Derechos de reembolso derivados de contratos de seguro relativos a retribuciones a largo plazo al personal
258. Imposiciones a largo plazo
259. Desembolsos pendientes sobre participaciones en el patrimonio neto a largo plazo

26. FIANZAS Y DEPÓSITOS CONSTITUIDOS A LARGO PLAZO

260. Fianzas constituidas a largo plazo
265. Depósitos constituidos a largo plazo

28. AMORTIZACIÓN ACUMULADA DEL INMOVILIZADO

280. Amortización acumulada del inmovilizado intangible
    2800. Amortización acumulada de investigación
    2801. Amortización acumulada de desarrollo
    2802. Amortización acumulada de concesiones administrativas
    2803. Amortización acumulada de propiedad industrial
    2805. Amortización acumulada de derechos de traspaso
    2806. Amortización acumulada de aplicaciones informáticas
281. Amortización acumulada del inmovilizado material
    2811. Amortización acumulada de construcciones
    2812. Amortización acumulada de instalaciones técnicas
    2813. Amortización acumulada de maquinaria
    2814. Amortización acumulada de utillaje
    2815. Amortización acumulada de otras instalaciones
    2816. Amortización acumulada de mobiliario
    2817. Amortización acumulada de equipos para procesos de información
    2818. Amortización acumulada de elementos de transporte
    2819. Amortización acumulada de otro inmovilizado material
282. Amortización acumulada de las inversiones inmobiliarias

29. DETERIORO DE VALOR DE ACTIVOS NO CORRIENTES

290. Deterioro de valor del inmovilizado intangible
    2900. Deterioro de valor de investigación
    2901. Deterioro del valor de desarrollo
    2902. Deterioro de valor de concesiones administrativas
    2903. Deterioro de valor de propiedad industrial
    2905. Deterioro de valor de derechos de traspaso
    2906. Deterioro de valor de aplicaciones informáticas
291. Deterioro de valor del inmovilizado material
    2910. Deterioro de valor de terrenos y bienes naturales
    2911. Deterioro de valor de construcciones
    2912. Deterioro de valor de instalaciones técnicas
    2913. Deterioro de valor de maquinaria
    2914. Deterioro de valor de utillaje
    2915. Deterioro de valor de otras instalaciones
    2916. Deterioro de valor de mobiliario
    2917. Deterioro de valor de equipos para procesos de información
    2918. Deterioro de valor de elementos de transporte
    2919. Deterioro de valor de otro inmovilizado material
292. Deterioro de valor de las inversiones inmobiliarias
    2920. Deterioro de valor de los terrenos y bienes naturales
    2921. Deterioro de valor de construcciones
293. Deterioro de valor de participaciones a largo plazo en partes vinculadas
    2933. Deterioro de valor de participaciones a largo plazo en empresas del grupo
    2934. Deterioro de valor de participaciones a largo plazo en empresas asociadas
294. Deterioro de valor de valores representativos de deuda a largo plazo de partes vinculadas
    2943. Deterioro de valor de valores representativos de deuda a largo plazo de empresas del grupo
    2944. Deterioro de valor de valores representativos de deuda a largo plazo de empresas asociadas
    2945. Deterioro de valor de valores representativos de deuda a largo plazo de otras partes vinculadas
295. Deterioro de valor de créditos a largo plazo a partes vinculadas
    2953. Deterioro de valor de créditos a largo plazo a empresas del grupo
    2954. Deterioro de valor de créditos a largo plazo a empresas asociadas
    2955. Deterioro de valor de créditos a largo plazo a otras partes vinculadas
297. Deterioro de valor de valores representativos de deuda a largo plazo
298. Deterioro de valor de créditos a largo plazo

GRUPO 3

EXISTENCIAS

30. COMERCIALES

300. Mercaderías A
301. Mercaderías B

31. MATERIAS PRIMAS

310. Materias primas A

311. Materias primas B

32. OTROS APROVISIONAMIENTOS

320. Elementos y conjuntos incorporables
321. Combustibles
322. Repuestos
325. Materiales diversos
326. Embalajes
327. Envases
328. Material de oficina

33. PRODUCTOS EN CURSO

330. Productos en curso A
331. Productos en curso B

34. PRODUCTOS SEMITERMINADOS

340. Productos semiterminados A
341. Productos semiterminados B

35. PRODUCTOS TERMINADOS

350. Productos terminados A
351. Productos terminados B

36. SUBPRODUCTOS, RESIDUOS Y MATERIALES RECUPERADOS

360. Subproductos A
361. Subproductos B
365. Residuos A
366. Residuos B
368. Materiales recuperados A
369. Materiales recuperados B

39. DETERIORO DE VALOR DE LAS EXISTENCIAS

390. Deterioro de valor de las mercaderías
391. Deterioro de valor de las materias primas
392. Deterioro de valor de otros aprovi sionamientos
393. Deterioro de valor de los productos en curso
394. Deterioro de valor de los productos semiterminados
395. Deterioro de valor de los productos terminados
396. Deterioro de valor de los subproductos, residuos y materiales recuperados

GRUPO 4

ACREEDORES Y DEUDORES POR OPERACIONES COMERCIALES

40. PROVEEDORES

400. Proveedores
    - 4000. Proveedores (euros)
    - 4004. Proveedores (moneda extranjera)
    - 4009. Proveedores, facturas pendientes de recibir o de formalizar
401. Proveedores, efectos comerciales a pagar
403. Proveedores, empresas del grupo
    - 4030. Proveedores, empresas del grupo (euros)
    - 4031. Efectos comerciales a pagar, empresas del grupo
    - 4034. Proveedores, empresas del grupo (moneda extranjera)
    - 4036. Envases y embalajes a devolver a proveedores, empresas del grupo
    - 4039. Proveedores, empresas del grupo, facturas pendientes de recibir o de formalizar
404. Proveedores, empresas asociadas
405. Proveedores, otras partes vinculadas
406. Envases y embalajes a devolver a proveedores
407. Anticipos a proveedores

41. ACREEDORES VARIOS

410. Acreedores por prestaciones de servicios
    - 4100. Acreedores por prestaciones de servicios (euros)
    - 4104. Acreedores por prestaciones de servicios, (moneda extranjera)
    - 4109. Acreedores por prestaciones de servicios, facturas pendientes de recibir o de formalizar
411. Acreedores, efectos comerciales a pagar
419. Acreedores por operaciones en común

43. CLIENTES

430. Clientes
    - 4300. Clientes (euros)
    - 4304. Clientes (moneda extranjera)
    - 4309. Clientes, facturas pendientes de formalizar
431. Clientes, efectos comerciales a cobrar
    - 4310. Efectos comerciales en cartera
    - 4311. Efectos comerciales descontados
    - 4312. Efectos comerciales en gestión de cobro
    - 4315. Efectos comerciales impagados
432. Clientes, operaciones de "factoring"
433. Clientes, empresas del grupo
    - 4330. Clientes empresas del grupo (euros)
    - 4331. Efectos comerciales a cobrar, empresas del grupo
    - 4332. Clientes empresas del grupo, operaciones de "factoring"
    - 4334. Clientes empresas del grupo (moneda extranjera)
    - 4336. Clientes empresas del grupo de dudoso cobro
    - 4337. Envases y embalajes a devolver a clientes, empresas del grupo
    - 4339. Clientes empresas del grupo, facturas pendientes de formalizar
434. Clientes, empresas asociadas
435. Clientes, otras partes vinculadas
436. Clientes de dudoso cobro
437. Envases y embalajes a devolver por clientes
438. Anticipos de clientes

44. DEUDORES VARIOS

440. Deudores
    - 4400. Deudores (euros)
    - 4404. Deudores (moneda extranjera)
    - 4409. Deudores, facturas pendientes de formalizar
441. Deudores, efectos comerciales a cobrar
    - 4410. Deudores, efectos comerciales en cartera
    - 4411. Deudores, efectos comerciales descontados
    - 4412. Deudores, efectos comerciales en gestión de cobro
    - 4415. Deudores, efectos comerciales impagados
446. Deudores de dudoso cobro
449. Deudores por operaciones en común

46. PERSONAL

460. Anticipos de remuneraciones
465. Remuneraciones pendientes de pago
466. Remuneraciones mediante sistemas de aportación definida pendientes de pago

47. ADMINISTRACIONES PÚBLICAS

470. Hacienda Pública, deudora por diversos conceptos
    - 4700. Hacienda Pública, deudora por IVA
    - 4708. Hacienda Pública, deudora por subvenciones concedidas
    - 4709. Hacienda Pública, deudora por devolución de impuestos
471. Organismos de la Seguridad Social, deudores
472. Hacienda Pública, IVA soportado
473. Hacienda Pública, retenciones y pagos a cuenta
474. Activos por impuesto diferido
    - 4740. Activos por diferencias temporarias deducibles
    - 4742. Derechos por deducciones y bonificaciones pendientes de aplicar
    - 4745. Crédito por pérdidas a compensar del ejercicio
475. Hacienda Pública, acreedora por conceptos fiscales
    - 4750. Hacienda Pública, acreedora por IVA
    - 4751. Hacienda Pública, acreedora por retenciones practicadas
    - 4752. Hacienda Pública, acreedora por impuesto sobre sociedades
    - 4758. Hacienda Pública, acreedora por subvenciones a reintegrar
476. Organismos de la Seguridad Social, acreedores
477. Hacienda Pública, IVA repercutido
479. Pasivos por diferencias temporarias imponibles

48. AJUSTES POR PERIODIFICACIÓN

480. Gastos anticipados
485. Ingresos anticipados

49. DETERIORO DE VALOR DE CRÉDITOS COMERCIALES Y PROVISIONES A CORTO PLAZO

490. Deterioro de valor de créditos por operaciones comerciales
493. Deterioro de valor de créditos por operaciones comerciales con partes vinculadas
    - 4933. Deterioro de valor de créditos por operaciones comerciales con empresas del grupo
    - 4934. Deterioro de valor de créditos por operaciones comerciales con empresas asociadas
    - 4935. Deterioro de valor de créditos por operaciones comerciales con otras partes vinculadas
499. Provisiones por operaciones comerciales
    - 4994. Provisión por contratos onerosos
    - 4999. Provisión para otras operaciones comerciales

GRUPO 5

CUENTAS FINANCIERAS

50. EMPRÉSTITOS, DEUDAS CON CARACTERÍSTICAS ESPECIALES Y OTRAS EMISIONES ANÁLOGAS A CORTO PLAZO

500. Obligaciones y bonos a corto plazo
501. Obligaciones y bonos convertibles a corto plazo
502. Acciones o participaciones a corto plazo consideradas como pasivos financieros
505. Deudas representadas en otros valores negociables a corto plazo
506. Intereses a corto plazo de empréstitos y otras emisiones análogas
507. Dividendos de acciones o participaciones consideradas como pasivos financieros

509. Valores negociables amortizados
    5090. Obligaciones y bonos amortizados
    5091. Obligaciones y bonos convertibles amortizados
    5095. Otros valores negociables amortizados

51. DEUDAS A CORTO PLAZO CON PARTES VINCULADAS

510. Deudas a corto plazo con entidades de crédito vinculadas
    5103. Deudas a corto plazo con entidades de crédito, empresas del grupo
    5104. Deudas a corto plazo con entidades de crédito, empresas asociadas
    5105. Deudas a corto plazo con otras entidades de crédito vinculadas
511. Proveedores de inmovilizado a corto plazo, partes vinculadas
    5113. Proveedores de inmovilizado a corto plazo, empresas del grupo
    5114. Proveedores de inmovilizado a corto plazo, empresas asociadas
    5115. Proveedores de inmovilizado a corto plazo, otras partes vinculadas
512. Acreedores por arrendamiento financiero a corto plazo, partes vinculadas.
    5123. Acreedores por arrendamiento financiero a corto plazo, empresas del grupo
    5124. Acreedores por arrendamiento financiero a corto plazo, empresas asociadas
    5125. Acreedores por arrendamiento financiero a corto plazo, otras partes vinculadas
513. Otras deudas a corto plazo con partes vinculadas
    5133. Otras deudas a corto plazo con empresas del grupo
    5134. Otras deudas a corto plazo con empresas asociadas
    5135. Otras deudas a corto plazo con otras partes vinculadas
514. Intereses a corto plazo de deudas con partes vinculadas
    5143. Intereses a corto plazo de deudas, empresas del grupo
    5144. Intereses a corto plazo de deudas, empresas asociadas
    5145. Intereses a corto plazo de deudas, otras partes vinculadas

52. DEUDAS A CORTO PLAZO POR PRÉSTAMOS RECIBIDOS Y OTROS CONCEPTOS

520. Deudas a corto plazo con entidades de crédito
    5200. Préstamos a corto plazo de entidades de crédito
    5201. Deudas a corto plazo por crédito dispuesto
    5208. Deudas por efectos descontados
    5209. Deudas por operaciones de "factoring"
521. Deudas a corto plazo
522. Deudas a corto plazo transformables en subvenciones, donaciones y legados
523. Proveedores de inmovilizado a corto plazo
524. Acreedores por arrendamiento financiero a corto plazo
525. Efectos a pagar a corto plazo
526. Dividendo activo a pagar
527. Intereses a corto plazo de deudas con entidades de crédito
528. Intereses a corto plazo de deudas
529. Provisiones a corto plazo
    5290. Provisión a corto plazo por retribuciones al personal
    5291. Provisión a corto plazo para impuestos
    5292. Provisión a corto plazo para otras responsabilidades
    5293. Provisión a corto plazo por desmantelamiento, retiro o rehabilitación del inmovilizado
    5295. Provisión a corto plazo para actuaciones medioambientales
    5296. Provisión a corto plazo para reestructuraciones
    5297. Provisión a corto plazo por transacciones con pagos basados en instrumentos de patrimonio

53. INVERSIONES FINANCIERAS A CORTO PLAZO EN PARTES VINCULADAS

530. Participaciones a corto plazo en partes vinculadas
    5303. Participaciones a corto plazo, en empresas del grupo
    5304. Participaciones a corto plazo, en empresas asociadas
    5305. Participaciones a corto plazo, en otras partes vinculadas
531. Valores representativos de deuda a corto plazo de partes vinculadas
    5313. Valores representativos de deuda a corto plazo de empresas del grupo
    5314. Valores representativos de deuda a corto plazo de empresas asociadas
    5315. Valores representativos de deuda a corto plazo de otras partes vinculadas
532. Créditos a corto plazo a partes vinculadas
    5323. Créditos a corto plazo a empresas del grupo
    5324. Créditos a corto plazo a empresas asociadas
    5325. Créditos a corto plazo a otras partes vinculadas
533. Intereses a corto plazo de valores representativos de deuda de partes vinculadas
    5333. Intereses a corto plazo de valores representativos de deuda de empresas del grupo
    5334. Intereses a corto plazo de valores representativos de deuda de empresas asociadas
    5335. Intereses a corto plazo de valores representativos de deuda de otras partes vinculadas
534. Intereses a corto plazo de créditos a partes vinculadas
    5343. Intereses a corto plazo de créditos a empresas del grupo
    5344. Intereses a corto plazo de créditos a empresas asociadas
    5345. Intereses a corto plazo de créditos a otras partes vinculadas
535. Dividendo a cobrar de inversiones financieras en partes vinculadas
    5353. Dividendo a cobrar de empresas de grupo
    5354. Dividendo a cobrar de empresas asociadas
    5355. Dividendo a cobrar de otras partes vinculadas
539. Desembolsos pendientes sobre participaciones a corto plazo en partes vinculadas
    5393. Desembolsos pendientes sobre participaciones a corto plazo en empresas del grupo.
    5394. Desembolsos pendientes sobre participaciones a corto plazo en empresas asociadas.
    5395. Desembolsos pendientes sobre participaciones a corto plazo en otras partes vinculadas

54. OTRAS INVERSIONES FINANCIERAS A CORTO PLAZO

540. Inversiones financieras a corto plazo en instrumentos de patrimonio
541. Valores representativos de deuda a corto plazo
542. Créditos a corto plazo
543. Créditos a corto plazo por enajenación de in movilizado
544. Créditos a corto plazo al personal
545. Dividendo a cobrar
546. Intereses a corto plazo de valores representativos de deudas
547. Intereses a corto plazo de créditos
548. Imposiciones a corto plazo
549. Desembolsos pendientes sobre participaciones en el patrimonio neto a corto plazo

55. OTRAS CUENTAS NO BANCARIAS

550. Titular de la explotación
551. Cuenta corriente con socios y administradores
552. Cuenta corriente con otras personas y entidades vinculadas
    5523. Cuenta corriente con empresas del grupo
    5524. Cuenta corriente con empresas asociadas
    5525. Cuenta corriente con otras partes vinculadas
553. Cuentas corrientes en fusiones y escisiones
    5530. Socios de sociedad disuelta
    5531. Socios, cuenta de fusión
    5532. Socios de sociedad escindida
    5533. Socios, cuenta de escisión
554. Cuenta corriente con uniones temporales de empresas y comunidades de bienes
555. Partidas pendientes de aplicación
556. Desembolsos exigidos sobre participaciones en el patrimonio neto
    5563. Desembolsos exigidos sobre participaciones, empresas del grupo
    5564. Desembolsos exigidos sobre participaciones, empresas asociadas
    5565. Desembolsos exigidos sobre participaciones, otras partes vinculadas
    5566. Desembolsos exigidos sobre participaciones de otras empresas
557. Dividendo activo a cuenta
558. Socios por desembolsos exigidos
    5580. Socios por desembolsos exigidos sobre acciones o participaciones ordinarias
    5585. Socios por desembolsos exigidos sobre acciones o participaciones consideradas como pasivos financieros
559. Derivados financieros a corto plazo
    5590. Activos por derivados financieros a corto plazo, cartera de negociación
    5593. Activos por derivados financieros a corto plazo, instrumentos de cobertura
    5595. Pasivos por derivados financieros a corto plazo, cartera de negociación
    5598. Pasivos por derivados financieros a corto plazo, instrumentos de cobertura

56. FIANZAS Y DEPÓSITOS RECIBIDOS Y CONSTITUIDOS A COR TO PLAZO Y AJUSTES POR PERIODIFICACIÓN

560. Fianzas recibidas a corto plazo

561. Depósitos recibidos a corto plazo
565. Fianzas constituidas a corto plazo
566. Depósitos constituidos a corto plazo
567. Intereses pagados por anticipado
568. Intereses cobrados por anticipado
569. Garantías financieras a corto plazo

57. TESORERÍA

570. Caja, euros
571. Caja, moneda extranjera
572. Bancos e instituciones de crédito c/c vista, euros
573. Bancos e instituciones de crédito c/c vista, moneda extranjera
574. Bancos e instituciones de crédito, cuentas de ahorro, euros
575. Bancos e instituciones de crédito, cuentas de ahorro, moneda extranjera
576. Inversiones a corto plazo de gran liquidez

58. ACTIVOS NO CORRIENTES MANTENIDOS PARA LA VENTA Y ACTIVOS Y PASIVOS ASOCIADOS

580. Inmovilizado
581. Inversiones con personas y entidades vinculadas
582. Inversiones financieras
583. Existencias, deudores comerciales y otras cuentas a cobrar
584. Otros activos
585. Provisiones
586. Deudas con características especiales
587. Deudas con personas y entidades vinculadas
588. Acreedores comerciales y otras cuentas a pagar
589. Otros pasivos

59. DETERIORO DEL VALOR DE INVERSIONES FINANCIERAS A CORTO PLAZO Y DE ACTIVOS NO CORRIENTES MANTENIDOS PARA LA VENTA

593. Deterioro de valor de participaciones a corto plazo en partes vinculadas
    5933. Deterioro de valor de participaciones a corto plazo en empresas del grupo
    5934. Deterioro de valor de participaciones a corto plazo en empresas asociadas
594. Deterioro de valor de valores representativos de deuda a corto plazo de partes vinculadas
    5943. Deterioro de valor de valores representativos de deuda a corto plazo de empresas del grupo
    5944. Deterioro de valor de valores representativos de deuda a corto plazo de empresas asociadas
    5945. Deterioro de valor de valores representativos de deuda a corto plazo de otras partes vinculadas
595. Deterioro de valor de créditos a corto plazo a partes vinculadas
    5953. Deterioro de valor de créditos a corto plazo a empresas del grupo
    5954. Deterioro de valor de créditos a corto plazo a empresas asociadas
    5955. Deterioro de valor de créditos a corto plazo a otras partes vinculadas
597. Deterioro de valor de valores representativos de deuda a corto plazo
598. Deterioro de valor de créditos a corto plazo
599. Deterioro de valor de activos no corrientes mantenidos para la venta
    5990. Deterioro de valor de inmovilizado no corriente mantenido para la venta
    5991. Deterioro de valor de inversiones con personas y entidades vinculadas no corrientes mantenidas para la venta
    5992. Deterioro de valor de inversiones financieras no corrientes mantenidas para la venta
    5993. Deterioro de valor de existencias, deudores comerciales y otras cuentas a cobrar integrados en un grupo enajenable mantenido para la venta
    5994. Deterioro de valor de otros activos mantenidos para la venta

GRUPO 6

COMPRAS Y GASTOS

60. COMPRAS

600. Compras de mercaderías
601. Compras de materias primas
602. Compras de otros aprovisionamientos
606. Descuentos sobre compras por pronto pago
    6060. Descuentos sobre compras por pronto pago de mercaderías
    6061. Descuentos sobre compras por pronto pago de materias primas
    6062. Descuentos sobre compras por pronto pago de otros aprovisionamientos
607. Trabajos realizados por otras empresas
608. Devoluciones de compras y operaciones similares
    6080. Devoluciones de compras de mercaderías
    6081. Devoluciones de compras de materias primas
    6082. Devoluciones de compras de otros aprovisionamientos
609. "Rappels" por compras
    6090. "Rappels" por compras de mercaderías
    6091. "Rappels" por compras de materias primas
    6092. "Rappels" por compras de otros aprovisionamientos

61. VARIACIÓN DE EXISTENCIAS

610. Variación de existencias de mercaderías
611. Variación de existencias de materias primas
612. Variación de existencias de otros aprovisionamientos

62. SERVICIOS EXTERIORES

620. Gastos en investigación y desarrollo del ejercicio
621. Arrendamientos y cánones
622. Reparaciones y conservación
623. Servicios de profesionales independientes
624. Transportes
625. Primas de seguros
626. Servicios bancarios y similares
627. Publicidad, propaganda y relaciones públicas
628. Suministros
629. Otros servicios

63. TRIBUTOS

630. Impuesto sobre beneficios
    6300. Impuesto corriente
    6301. Impuesto diferido
631. Otros tributos
633. Ajustes negativos en la imposición sobre beneficios
634. Ajustes negativos en la imposición indirecta
    6341. Ajustes negativos en IVA de activo corriente
    6342. Ajustes negativos en IVA de inversiones
636. Devolución de impuestos
638. Ajustes positivos en la imposición sobre beneficios
639. Ajustes positivos en la imposición indirecta
    6391. Ajustes positivos en IVA de activo corriente
    6392. Ajustes positivos en IVA de inversiones

64. GASTOS DE PERSONAL

640. Sueldos y salarios
641. Indemnizaciones
642. Seguridad Social a cargo de la empresa
643. Retribuciones a largo plazo mediante sistemas de aportación definida
644. Retribuciones a largo plazo mediante sistemas de prestación definida
    6440. Contribuciones anuales
    6442. Otros costes
645. Retribuciones al personal mediante instrumentos de patrimonio
    6450. Retribuciones al personal liquidados con instrumentos de patrimonio
    6457. Retribuciones al personal liquidados en efectivo basado en instrumentos de patrimonio
649. Otros gastos sociales

65. OTROS GASTOS DE GESTIÓN

650. Pérdidas de créditos comerciales incobrables
651. Resultados de operaciones en común
    6510. Beneficio transferido (gestor)
    6511. Pérdida soportada (partícipe o asociado no gestor)
659. Otras pérdidas en gestión corriente

66. GASTOS FINANCIEROS

660. Gastos financieros por actualización de provisiones
661. Intereses de obligaciones y bonos
    6610. Intereses de obligaciones y bonos a largo plazo, empresas del grupo
    6611. Intereses de obligaciones y bonos a largo plazo, empresas asociadas
    6612. Intereses de obligaciones y bonos a largo plazo, otras partes vinculadas
    6613. Intereses de obligaciones y bonos a largo plazo, otras empresas
    6615. Intereses de obligaciones y bonos a corto plazo, empresas del grupo
    6616. Intereses de obligaciones y bonos a corto plazo, empresas asociadas
    6617. Intereses de obligaciones y bonos a corto plazo, otras partes vinculadas
    6618. Intereses de obligaciones y bonos a corto plazo, otras empresas
662. Intereses de deudas
    6620. Intereses de deudas, empresas del grupo
    6621. Intereses de deudas, empresas asociadas
    6622. Intereses de deudas, otras partes vinculadas
    6623. Intereses de deudas con entidades de crédito
    6624. Intereses de deudas, otras empresas
663. Pérdidas por valoración de instrumentos financieros por su valor razonable
    6630. Pérdidas de cartera de negociación
    6631. Pérdidas de designados por la empresa
    6632. Pérdidas de disponibles para la venta

6633. Pérdidas de instrumentos de cobertura

664. Gastos por dividendos de acciones o participaciones consideradas como pasivos financieros

6640. Dividendos de pasivos, empresas del grupo

6641. Dividendos de pasivos, empresas asociadas

6642. Dividendos de pasivos, otras partes vinculadas

6643. Dividendos de pasivos, otras empresas

665. Intereses por descuento de efectos y operaciones de "factoring"

6650. Intereses por descuento de efectos en entidades de crédito del grupo

6651. Intereses por descuento de efectos en entidades de crédito asociadas

6652. Intereses por descuento de efectos en otras entidades de crédito vinculadas

6653. Intereses por descuento de efectos en otras entidades de crédito

6654. Intereses por operaciones de "factoring" con entidades de crédito del grupo

6655. Intereses por operaciones de "factoring" con entidades de crédito asociadas

6656. Intereses por operaciones de "factoring" con otras entidades de crédito vinculadas

6657. Intereses por operaciones de "factoring" con otras entidades de crédito

666. Pérdidas en participaciones y valores representativos de deuda

6660. Pérdidas en valores representativos de deuda a largo plazo, empresas del grupo

6661. Pérdidas en valores representativos de deuda a largo plazo, empresas asociadas

6662. Pérdidas en valores representativos de deuda a largo plazo, otras partes vinculadas

6663. Pérdidas en participaciones y valores representativos de deuda a largo plazo, otras empresas

6665. Pérdidas en participaciones y valores representativos de deuda a corto plazo, empresas del grupo

6666. Pérdidas en participaciones y valores representativos de deuda a corto plazo, empresas asociadas

6667. Pérdidas en valores representativos de deuda a corto plazo, otras partes vinculadas

6668. Pérdidas en valores representativos de deuda a corto plazo, otras empresas

667. Pérdidas de créditos no comerciales

6670. Pérdidas de créditos a largo plazo, empresas del grupo

6671. Pérdidas de créditos a largo plazo, empresas asociadas

6672. Pérdidas de créditos a largo plazo, otras partes vinculadas

6673. Pérdidas de créditos a largo plazo, otras empresas

6675. Pérdidas de créditos a corto plazo, empresas del grupo

6676. Pérdidas de créditos a corto plazo, empresas asociadas

6677. Pérdidas de créditos a corto plazo, otras partes vinculadas

6678. Pérdidas de créditos a corto plazo, otras empresas

668. Diferencias negativas de cambio

669. Otros gastos financieros

67. PÉRDIDAS PROCEDENTES DE ACTIVOS NO CORRIENTES Y GASTOS EXCEPCIONALES

670. Pérdidas procedentes del inmovilizado intangible

671. Pérdidas procedentes del inmovilizado material

672. Pérdidas procedentes de las inversiones inmobiliarias

673. Pérdidas procedentes de participaciones a largo plazo en partes vinculadas

6733. Pérdidas procedentes de participaciones a largo plazo, empresas del grupo

6734. Pérdidas procedentes de participaciones a largo plazo, empresas asociadas

6735. Pérdidas procedentes de participaciones a largo plazo, otras partes vinculadas

675. Pérdidas por operaciones con obligaciones propias

678. Gastos excepcionales

68. DOTACIONES PARA AMORTIZACIONES

680. Amortización del inmovilizado intangible

681. Amortización del inmovilizado material

682. Amortización de las inversiones inmobiliarias

69. PÉRDIDAS POR DETERIORO Y OTRAS DOTACIONES

690. Pérdidas por deterioro del inmovilizado intangible

691. Pérdidas por deterioro del inmovilizado material

692. Pérdidas por deterioro de las inversiones inmobiliarias

693. Pérdidas por deterioro de existencias

6930. Pérdidas por deterioro de productos terminados y en curso de fabricación

6931. Pérdidas por deterioro de mercaderías

6932. Pérdidas por deterioro de materias primas

6933. Pérdidas por deterioro de otros aprovisionamientos

694. Pérdidas por deterioro de créditos por operaciones comerciales

695. Dotación a la provisión por operaciones comerciales

6954. Dotación a la provisión por contratos onerosos

6959. Dotación a la provisión para otras operaciones comerciales

696. Pérdidas por deterioro de participaciones y valores representativos de deuda a largo plazo

6960. Pérdidas por deterioro de participaciones en instrumentos de patrimonio neto a largo plazo, empresas del grupo

6961. Pérdidas por deterioro de participaciones en instrumentos de patrimonio neto a largo plazo, empresas asociadas

6962. Pérdidas por deterioro de participaciones en instrumentos de patrimonio neto a largo plazo, otras partes vinculadas

6963. Pérdidas por deterioro de participaciones en instrumentos de patrimonio neto a largo plazo, otras empresas

6965. Pérdidas por deterioro en valores representativos de deuda a largo plazo, empresas del grupo

6966. Pérdidas por deterioro en valores representativos de deuda a largo plazo, empresas asociadas

6967. Pérdidas por deterioro en valores representativos de deuda a largo plazo, otras partes vinculadas

6968. Pérdidas por deterioro en valores representativos de deuda a largo plazo, de otras empresas

697. Pérdidas por deterioro de créditos a largo plazo

6970. Pérdidas por deterioro de créditos a largo plazo, empresas del grupo

6971. Pérdidas por deterioro de créditos a largo plazo, empresas asociadas

6972. Pérdidas por deterioro de créditos a largo plazo, otras partes vinculadas

6973. Pérdidas por deterioro de créditos a largo plazo, otras empresas

698. Pérdidas por deterioro de participaciones y valores representativos de deuda a corto plazo

6980. Pérdidas por deterioro de participaciones en instrumentos de patrimonio neto a corto plazo, empresas del grupo

6981. Pérdidas por deterioro de participaciones en instrumentos de patrimonio neto a corto plazo, empresas asociadas

6985. Pérdidas por deterioro en valores representativos de deuda a corto plazo, empresas del grupo

6986. Pérdidas por deterioro en valores representativos de deuda a corto plazo, empresas asociadas

6987. Pérdidas por deterioro en valores representativos de deuda a corto plazo, otras partes vinculadas

6988. Pérdidas por deterioro en valores representativos de deuda a corto plazo, de otras empresas

699. Pérdidas por deterioro de créditos a corto plazo

6990. Pérdidas por deterioro de créditos a corto plazo, empresas del grupo

6991. Pérdidas por deterioro de créditos a corto plazo, empresas asociadas

6992. Pérdidas por deterioro de créditos a corto plazo, otras partes vinculadas

6993. Pérdidas por deterioro de créditos a corto plazo, otras empresas

GRUPO 7

VENTAS E INGRESOS

70. VENTAS DE MERCADERÍAS, DE PRODUCCIÓN PROPIA, DE SERVICIOS, ETC.

700. Ventas de mercaderías

701. Ventas de productos terminados

702. Ventas de productos semiterminados

703. Ventas de subproductos y residuos

704. Ventas de envases y embalajes

705. Prestaciones de servicios

706. Descuentos sobre ventas por pronto pago

7060. Descuentos sobre ventas por pronto pago de mercaderías

7061. Descuentos sobre ventas por pronto pago de productos terminados

7062. Descuentos sobre ventas por pronto pago de productos semiterminados

7063. Descuentos sobre ventas por pronto pago de subproductos y residuos

708. Devoluciones de ventas y operaciones similares

7080. Devoluciones de ventas de mercaderías

7081. Devoluciones de ventas de productos terminados

7082. Devoluciones de ventas de productos semiterminados

7083. Devoluciones de ventas de subproductos y residuos

7084. Devoluciones de ventas de envases y embalajes

709. "Rappels" sobre ventas

7090. "Rappels" sobre ventas de mercaderías

7091. "Rappels" sobre ventas de productos terminados

7092. "Rappels" sobre ventas de productos semiterminados

7093. "Rappels" sobre ventas de subproductos y residuos

7094. "Rappels" sobre ventas de envases y embalajes

71. VARIACIÓN DE EXISTENCIAS

710. Variación de existencias de productos en curso

711. Variación de existencias de productos semiterminados

712. Variación de existencias de productos terminados

713. Variación de existencias de subproductos, residuos y materiales recuperados

73. TRABAJOS REALIZADOS PARA LA EMPRESA

730. Trabajos realizados para el inmovilizado intangible

731. Trabajos realizados para el inmovilizado material

732. Trabajos realizados en inversiones inmobiliarias

733. Trabajos realizados para el inmovilizado material en curso

74. SUBVENCIONES, DONACIONES Y LEGADOS

740. Subvenciones, donaciones y legados a la explotación

746. Subvenciones, donaciones y legados de capital transferidos al resultado del ejercicio

747. Otras subvenciones, donaciones y legados transferidos al resultado del ejercicio

75. OTROS INGRESOS DE GESTIÓN

751. Resultados de operaciones en común

7510. Pérdida transferida (gestor)

7511. Beneficio atribuido (partícipe o asociado no gestor)

752. Ingresos por arrendamientos

753. Ingresos de propiedad industrial cedida en explotación

754. Ingresos por comisiones

755. Ingresos por servicios al personal

759. Ingresos por servicios diversos

76. INGRESOS FINANCIEROS

760. Ingresos de participaciones en instrumentos de patrimonio

7600. Ingresos de participaciones en instrumentos de patrimonio, empresas del grupo

7601. Ingresos de participaciones en instrumentos de patrimonio, empresas asociadas

7602. Ingresos de participaciones en instrumentos de patrimonio, otras partes vinculadas

7603. Ingresos de participaciones en instrumentos de patrimonio, otras empresas

761. Ingresos de valores representativos de deuda

7610. Ingresos de valores representativos de deuda, empresas del grupo

7611. Ingresos de valores representativos de deuda, empresas asociadas

7612. Ingresos de valores representativos de deuda, otras partes vinculadas

7613. Ingresos de valores representativos de deuda, otras empresas

762. Ingresos de créditos

7620. Ingresos de créditos a largo plazo

76200. Ingresos de créditos a largo plazo, empresas del grupo

76201. Ingresos de créditos a largo plazo, empresas asociadas

76202. Ingresos de créditos a largo plazo, otras partes vinculadas

76203. Ingresos de créditos a largo plazo, otras empresas

7621. Ingresos de créditos a corto plazo

76210. Ingresos de créditos a corto plazo, empresas del grupo

76211. Ingresos de créditos a corto plazo, empresas asociadas

76212. Ingresos de créditos a corto plazo, otras partes vinculadas

76213. Ingresos de créditos a corto plazo, otras empresas

763. Beneficios por valoración de instrumentos financieros por su valor razonable

7630. Beneficios de cartera de negociación

7631. Beneficios de designados por la empresa

7632. Beneficios de disponibles para la venta

7633. Beneficios de instrumentos de cobertura

766. Beneficios en participaciones y valores representativos de deuda

7660. Beneficios en valores representativos de deuda a largo plazo, empresas del grupo

7661. Beneficios en valores representativos de deuda a largo plazo, empresas asociadas

7662. Beneficios en valores representativos de deuda a largo plazo, otras partes vinculadas

7663. Beneficios en participaciones y valores representativos de deuda a largo plazo, otras empresas

7665. Beneficios en participaciones y valores representativos de deuda a corto plazo, empresas del grupo

7666. Beneficios en participaciones y valores representativos de deuda a corto plazo, empresas asociadas

7667. Beneficios en valores representativos de deuda a corto plazo, otras partes vinculadas

7668. Beneficios en valores representativos de deuda a corto plazo, otras empresas

767. Ingresos de activos afectos y de derechos de reembolso relativos a retribuciones a largo plazo

768. Diferencias positivas de cambio

769. Otros ingresos financieros

77. BENEFICIOS PROCEDENTES DE ACTIVOS NO CORRIENTES E INGRESOS EXCEPCIONALES

770. Beneficios procedentes del inmovilizado intangible

771. Beneficios procedentes del inmovilizado mate rial

772. Beneficios procedentes de las inversiones inmobiliarias

773. Beneficios procedentes de participaciones a largo plazo en partes vinculadas

7733. Beneficios procedentes de participaciones a largo plazo, empresas del grupo

7734. Beneficios procedentes de participaciones a largo plazo, empresas asociadas

7735. Beneficios procedentes de participaciones a largo plazo, otras partes vinculadas

774. Diferencia negativa en combinaciones de negocios

775. Beneficios por operaciones con obligaciones propias

778. Ingresos excepcionales

79. EXCESOS Y APLICACIONES DE PROVISIONES Y DE PÉRDIDAS POR DETERIORO

790. Reversión del deterioro del inmovilizado intangible

791. Reversión del deterioro del inmovilizado material

792. Reversión del deterioro de las inversiones inmobiliarias

793. Reversión del deterioro de existencias

7930. Reversión del deterioro de productos terminados y en curso de fabricación

7931. Reversión del deterioro de mercaderías

7932. Reversión del deterioro de materias primas

7933. Reversión del deterioro de otros aprovisionamientos

794. Reversión del deterioro de créditos por operaciones comerciales

795. Exceso de provisiones

7950. Exceso de provisión por retribuciones al personal

7951. Exceso de provisión para impuestos

7952. Exceso de provisión para otras responsabilidades

7954. Exceso de provisión por operaciones comerciales

79544. Exceso de provisión por contratos onerosos

79549. Exceso de provisión para otras operaciones comerciales

7955. Exceso de provisión para actuaciones medioambientales

7956. Exceso de provisión para reestructuraciones

7957. Exceso de provisión por transacciones con pagos basados en instrumentos de patrimonio

796. Reversión del deterioro de participaciones y valores representativos de deuda a largo plazo

7960. Reversión del deterioro de participaciones en instrumentos de patrimonio neto a largo plazo, empresas del grupo

7961. Reversión del deterioro de participaciones en instrumentos de patrimonio neto a largo plazo, empresas asociadas

7965. Reversión del deterioro de valores representativos de deuda a largo plazo, empresas del grupo

7966. Reversión del deterioro de valores representativos de deuda a largo plazo, empresas asociadas

7967. Reversión del deterioro de valores representativos de deuda a largo plazo, otras partes vinculadas

7968. Reversión del deterioro de valores representativos de deuda a largo plazo, otras empresas

797. Reversión del deterioro de créditos a largo plazo

7970. Reversión del deterioro de créditos a largo plazo, empresas del grupo

7971. Reversión del deterioro de créditos a largo plazo, empresas asociadas

7972. Reversión del deterioro de créditos a largo plazo, otras partes vinculadas

7973. Reversión del deterioro de créditos a largo plazo, otras empresas

798. Reversión del deterioro de participaciones y valores representativos de deuda a corto plazo

7980. Reversión del deterioro de participaciones en instrumentos de patrimonio neto a corto plazo, empresas del grupo

7981. Reversión del deterioro de participaciones en instrumentos de patrimonio neto a corto plazo, empresas asociadas

7985. Reversión del deterioro en valores representativos de deuda a corto plazo, empresas del grupo

7986. Reversión del deterioro en valores representativos de deuda a corto plazo, empresas asociadas

7987. Reversión del deterioro en valores representativos de deuda a corto plazo, otras partes vinculadas

7988. Reversión del deterioro en valores representativos de deuda a corto plazo, otras empresas

799. Reversión del deterioro de créditos a corto plazo

7990. Reversión del deterioro de créditos a corto plazo, empresas del grupo

7991. Reversión del deterioro de créditos a corto plazo, empresas asociadas

7992. Reversión del deterioro de créditos a corto plazo, otras partes vinculadas

7993. Reversión del deterioro de créditos a corto plazo, otras empresas

GRUPO 8

GASTOS IMPUTADOS AL PATRIMONIO NETO

80. GASTOS FINANCIEROS POR VALORACIÓN DE ACTIVOS Y PASIVOS

800. Pérdidas en activos financieros disponibles para la venta

802. Transferencia de beneficios en activos financieros disponibles para la venta

81. GASTOS EN OPERACIONES DE COBERTURA

810. Pérdidas por coberturas de flujos de efectivo

811. Pérdidas por coberturas de inversiones netas en un negocio en el extranjero

812. Transferencia de beneficios por coberturas de flujos de efectivo

813. Transferencia de beneficios por coberturas de inversiones netas en un negocio en el extranjero

82. GASTOS POR DIFERENCIAS DE CONVERSIÓN

820. Diferencias de conversión negativas

821. Transferencia de diferencias de conversión positivas

83. IMPUESTO SOBRE BENEFICIOS

830. Impuesto sobre beneficios

8300. Impuesto corriente

8301. Impuesto diferido

833. Ajustes negativos en la imposición sobre beneficios

834. Ingresos fiscales por diferencias permanentes

835. Ingresos fiscales por deducciones y bonificaciones

836. Transferencia de diferencias permanentes

837. Transferencia de deducciones y bonificaciones

838. Ajustes positivos en la imposición sobre beneficios

84. TRANSFERENCIAS DE SUBVENCIONES, DONACIONES Y LEGADOS

840. Transferencia de subvenciones oficiales de capital

841. Transferencia de donaciones y legados de capital

842. Transferencia de otras subvenciones, donaciones y legados

85. GASTOS POR PÉRDIDAS ACTUARIALES Y AJUSTES EN LOS ACTIVOS POR RETRIBUCIONES A LARGO PLAZO DE PRESTACIÓN DEFINIDA

850. Pérdidas actuariales

851. Ajustes negativos en activos por retribuciones a largo plazo de prestación definida

86. GASTOS POR ACTIVOS NO CORRIENTES EN VENTA

860. Pérdidas en activos no corrientes y grupos enajenables de elementos mantenidos para la venta

862. Transferencia de beneficios en activos no corrientes y grupos enajenables de elementos mantenidos para la venta

89. GASTOS DE PARTICIPACIONES EN EMPRESAS DEL GRUPO O ASOCIADAS CON AJUSTES VALORATIVOS POSITIVOS PREVIOS

891. Deterioro de participaciones en el patrimonio, empresas del grupo

892. Deterioro de participaciones en el patrimonio, empresas asociadas

GRUPO 9

INGRESOS IMPUTADOS AL PATRIMONIO NETO

90. INGRESOS FINANCIEROS POR VALORACIÓN DE ACTIVOS Y PASIVOS

900. Beneficios en activos financieros disponibles para la venta

902. Transferencia de pérdidas de activos financieros disponibles para la venta

91. INGRESOS EN OPERACIONES DE COBERTURA

910. Beneficios por coberturas de flujos de efectivo

911. Beneficios por coberturas de una inversión neta en un negocio en el extranjero

912. Transferencia de pérdidas por coberturas de flujos de efectivo

913. Transferencia de pérdidas por coberturas de una inversión neta en un negocio en el extranjero

92. INGRESOS POR DIFERENCIAS DE CONVERSIÓN

920. Diferencias de conversión positivas

921. Transferencia de diferencias de conversión negativas

94. INGRESOS POR SUBVENCIONES, DONACIONES Y LEGADOS

940. Ingresos de subvenciones oficiales de capital

941. Ingresos de donaciones y legados de capital

942. Ingresos de otras subvenciones, donaciones y legados

95. INGRESOS POR GANANCIAS ACTUARIALES Y AJUSTES EN LOS ACTIVOS POR RETRIBUCIONES A LARGO PLAZO DE PRESTACIÓN DEFINIDA

950. Ganancias actuariales

951. Ajustes positivos en activos por retribuciones a largo plazo de prestación definida

96. INGRESOS POR ACTIVOS NO CORRIENTES EN VENTA

960. Beneficios en activos no corrientes y grupos enajenables de elementos mantenidos para la venta

962. Transferencia de pérdidas en activos no corrientes y grupos enajenables de elementos mantenidos para la venta

99. INGRESOS DE PARTICIPACIONES EN EMPRESAS DEL GRUPO O ASOCIADAS CON AJUSTES VALORATIVOS NEGATIVOS PREVIOS

991. Recuperación de ajustes valorativos negativos previos, empresas del grupo

992. Recuperación de ajustes valorativos negativos previos, empresas asociadas

993. Transferencia por deterioro de ajustes valorativos negativos previos, empresas del grupo

994. Transferencia por deterioro de ajustes valorativos negativos previos, empresas asociadas

PGC

2008

REAL DECRETO 1514/2007, de 16 de noviembre.